schöner kochen

DIE KUNST DER PERFEKTEN Salat-ZUBEREITUNG

Vorwort

Von der kleinen, unbeachteten Beilage am Tellerrand hin zum echten Verwandlungskünstler: Salate haben sich in der modernen Küche längst zu heimlichen Stars entwickelt. In Gläsern zur Schau gestellt präsentieren sie sich als feine, elegante Vorspeisen, setzen als Hauptgericht Glanzpunkte in der Menüfolge und verwandeln ideenreich gestapelt oder kunstvoll drapiert jedes Partybüfett in einen Eyecatcher, der garantiert Begeisterungsstürme auslöst.

Das Ergebnis kann sommerlich frisch sein wie ein Spargelsalat mit zarter Schnittlauch-Vinaigrette, aber sich auch winterlich als karamellisierter Radicchio Trevisano mit Wildschweinschinken präsentieren. Welch ein Glück, dass es Salate gibt, die mit exotischen Aromen den Gaumen kitzeln – und wie gut, dass einige Klassiker von keiner Speisekarte der Welt mehr wegzudenken sind …

In diesem Buch lade ich Sie zu einer kulinarischen Entdeckungstour ein. Ich serviere Ihnen originelle Ideen, fantasievolle Rezepte und Profitipps, mit denen Salate auch in Ihrem Kochrepertoire ganz schnell zu Stars aufsteigen. Ich zeige Ihnen, wie Sie Bodenständiges veredeln, Klassisches neu interpretieren, Traditionelles frisch stylen und außergewöhnliche Zutaten dekorativ inszenieren.

Los geht's: Drapieren, dekorieren und stapeln Sie mit mir zusammen Salate zu kleinen Kunstwerken – ich wünsche Ihnen viel Spaß und gutes Gelingen!

Ihr Tobias Rauschenberger

Inhalt

Aus dem Alltag eines Foodstylisten

Aus dem Alltag eines Foodstylisten

Fantasie und Kreativität, Fingerspitzengefühl und Genauigkeit, Geduld und Erfahrung, ein ausgeprägtes ästhetisches Empfinden und Liebe zum Detail: All das sind spezielle Eigenschaften, die einen Foodstylisten auszeichnen. Aber entscheidend ist – ganz besonders für mich – eine Riesenportion Leidenschaft. Mit ihr gelingt es, anderen Menschen die Lust am Kochen und den Genuss am Essen zu vermitteln, sie für gute Lebensmittel zu begeistern und auf eine kulinarische Reise mitzunehmen, nach der sie Fertiggerichte und Industrieprodukte links liegen lassen.

Bis dorthin ist es allerdings meist ein langer Weg mit vielen kleinen Etappen, der jeden Tag aufs Neue beginnt. Und das im wahrsten Sinne des Wortes – nämlich mit dem Rasseln des Weckers. Natürlich ganz früh und wahrscheinlich zu Zeiten, die andere als „unchristlich" bezeichnen würden. Mein Arbeitstag startet meistens mit einem Besuch auf dem Markt, denn hier bekomme ich die frischesten, qualitativ hochwertigsten und „fotogensten" Zutaten für meine Rezepte. Schließlich ist Foodstyling für mich weit mehr als nur eine dekorative Inszenierung des schönen Scheins. Bei der Wahl der Produkte und der Zubereitung ist Authentizität das Zauberwort: Nur mit erstklassigen, frischen und natürlichen Zutaten lassen sich wohlschmeckende Speisen zubereiten. Eine meiner Grundregeln lautet deshalb auch, dass die Zutaten bei einem einfachen Gericht umso besser sein müssen.

Was mich bei der Entwicklung von Rezepten inspiriert? Ein nahezu unerschöpflicher Fundus ist der Rhythmus der Natur, der Wechsel der Jahreszeiten – mit allem, was er an geschmacklicher Vielfalt zu bieten hat: Frische Kräuter, Spargel, Erdbeeren, Radieschen und Rhabarber machen den Frühling zu wahren Wonnemonaten. Tomaten, Gurken, Zucchini, Brokkoli und Co. verwandeln Sommergerichte in kunterbunte und knackig-frische Highlights. Rote Bete, Grünkohl, Hülsenfrüchte, Pilze und Kürbisse sind in Herbst und Winter besondere Leckerbissen, die viele Rezepte adeln.

Neben Frische und Saisonalität ist Regionalität eine meiner Hauptzutaten. Bereits während der Ausbildung wurde ich dafür sensibilisiert, Respekt vor dem Produkt zu haben: Fleisch muss nun mal nicht Zigtausende Kilometer transportiert werden, um auf unseren Tellern zu landen. Der Bauer um die Ecke, der mit liebevoller Hingabe Schweine oder Rinder züchtet, liefert vielleicht sogar eine bessere Fleischqualität. Selbst bei edlen Fischen oder aromatischem Ziegenkäse müssen Sie nicht in die Ferne schweifen: Das Gute liegt auch hier oft ganz nah. Sie müssen sich nur auf das Abenteuer des Suchens und Findens von kleinen Manufakturen, Käsereien, Fischzüchtern oder Bauernhöfen einlassen. Ihre Belohnung: heimische Delikatessen – unvergleichlich gut und unvergleichlich lecker.

Die Vielfalt der Jahreszeiten und der Regionen findet sich natürlich auch in diesem Buch wieder – manchmal allerdings gewürzt mit einer Prise Exotik oder einer besonderen Erinnerung aus Kindertagen: Der Antipasti-Salat beispielsweise ist ein Urlaubsmitbringsel aus Italien, das hier als To-go-Variante interpretiert wird. Eine Familientradition ist der fantastische Kartoffelsalat meiner Oma – klassisch zubereitet geschmacklich zwar toll, aber sicher kein Highlight auf dem Teller. Doch mit blauen Kartoffeln veredelt und etwas Creme double gekrönt ist ruck, zuck ein kleiner Blickfang auf dem Teller gezaubert.

Ich hoffe, mit „schöner kochen – die Kunst der perfekten Salatzubereitung" verführe ich Sie zu zahlreichen Entdeckungstouren auf dem Wochenmarkt oder zu den Bauernhöfen in Ihrer Nähe. Aber vor allem: zu Salatkreationen, die Genießerherzen höherschlagen lassen.

Hubertus Schüler

Making-of-Bilder im Studio des Food-Fotografen Hubertus Schüler

Deko-Ideen

Harmonisch komponiert und edel verfeinert

„Aber kein Genuss ist vorübergehend, denn der Eindruck, den er hinterlässt, ist bleibend", sagte schon Dichterfürst Johann Wolfgang von Goethe. Unterschätzen Sie deshalb nie die Macht der Sinne und setzen Sie Ihren liebevoll zubereiteten Salat ebenso liebevoll in Szene.

Dafür müssen Sie nun aber nicht gleich zum Meister der japanischen Gemüseschnitzkunst avancieren. Kleine, aber feine Hingucker sind beispielsweise essbare Blüten, die entweder direkt auf dem Teller platziert oder über den Salat gestreut werden. Auch Kräuter, Sprossen, Nüsse und Kerne veredeln optisch jede Salatkreation.

Aber ich will hier noch nicht zu viel verraten, denn in diesem Kapitel finden Sie eine Menge Ideen, Tipps und Tricks, mit denen Sie jeden Salat in ein kleines Kunstwerk verwandeln, das garantiert einen bleibenden Eindruck hinterlässt.

Kräuter
Essbare Blüten
Sprossen und Keimlinge
Nüsse und Samen
Gemüse

Basilikum

Petersilie

Estragon

Salbei

Dill

Rosmarin

Schnittlauch

Koriander

Majoran

Minze

Exquisiter Aromakick

Kräuter

Frische Kräuter verleihen dem Salat ganz besondere Aromen und veredeln die Optik. Dabei sind manche traditionell fast untrennbar mit bestimmten Salaten verbunden: Ein Gurkensalat ohne Dill ist nahezu unvorstellbar, der Insalata Caprese erhält erst durch Basilikum seinen fein-würzigen Geschmack und Minze sorgt im Couscous-Salat für eine unvergleichliche Frische.

Kräuter und Salat verbinden sich dann besonders harmonisch, wenn die Kräuter den Geschmack des Salats unterstreichen, ihn aber nicht dominieren. Im Zweifel gilt also die Devise: Weniger ist mehr. Die richtige Dosis ist natürlich auch immer vom jeweiligen Gericht oder von Ihrem persönlichen Geschmack abhängig – manche mögen es nun mal würziger als andere. Grob können Sie sich aber daran orientieren, dass Sie mit einem halben oder einem ganzen gestrichenen Teelöffel frischer zerkleinerter Kräuter pro Portion richtigliegen. Bei getrockneten Kräutern nehmen Sie besser nur die Hälfte davon oder die berühmte Prise – also die Menge, die Sie zwischen Daumen und Zeigefinger halten können.

Tipp: Nehmen Sie möglichst immer frische Kräuter, denn die entwickeln das beste Aroma. Vor der Verwendung sollten Sie diese stets gut waschen, trocken schütteln oder auf Küchenpapier abtropfen lassen und erst dann zerkleinern, wenn sie ihren großen Auftritt bei der Zubereitung haben.

Roter Basilikum

Thymian

Farbenfroh
und voller Geschmack

Essbare Blüten

Einen besonderen Pfiff bekommen viele Salate durch andere, vielleicht sogar überraschende Zutaten. So können Sie beispielsweise mit essbaren Blüten für Geschmacksvielfalt sorgen und Ihren Salat durch farbenfrohe Akzente in einen Augenschmaus verwandeln.

Probieren Sie die Blüten von Stiefmütterchen, Rosen, Gänseblümchen, Veilchen, Kapuzinerkresse, Borretsch, Ringelblumen, Zucchini, Chrysanthemen, Geranien, Holunder, Jasmin, Lavendel oder auch vom Apfel- oder Zitronenbäumchen. Selbst Tulpen- und Lilienblätter oder Gladiolen sind essbar und ein echtes Highlight im Salat – sowohl geschmacklich als auch optisch. Selbstverständlich dürfen es nur unbehandelte Blüten sein, und nicht etwa solche aus dem Blumenladen.

Doch nicht nur bei der Entscheidung für die eine oder andere Blüte haben Sie die Qual der Wahl – auch bei der Zubereitung. Ganz klassisch werden die Blüten roh über Salate gestreut und verzehrt. Besonders delikat schmecken sie aber auch in Butter geschmort (Knospen der Sonnenblume), scharf angebraten (Knospen der Taglilie) oder in Teig ausgebacken (Holunder- und Zucchiniblüten).

Kapuzinerkresse

Essbare Tagetes

Salbeiblüten

Borretsch

Ringelblumen

Lauchsprossen

Zart und knackig

Sprossen und Keimlinge

Sprossen und Keimlinge erfreuen sich wachsender Beliebtheit, da sie sehr schnell und unkompliziert verwendet werden können und außerdem eine Extraportion Farbe und fein-würzige Aromen in den Salat bringen.

Der Vielfalt sind auch hier keine Grenzen gesetzt: Beliebte Pflanzen für zarte Sprossen und Keimlinge sind Brokkoli, Lauch, Radieschen und Rote Bete. Außerdem können fast alle Getreidekeimlinge – außer denen des unreif geernteten und gedarrten Grünkerns – verwendet werden. Auch die Sprossen von Hülsenfrüchten wie Erbsen, Linsen, Mungo- und Sojabohnen, Kichererbsen und Bockshornklee sind hervorragende Begleiter.

Tipp: Achten Sie darauf, Keimlinge von Erbsen, Kichererbsen, Soja- und Azukibohnen nicht roh zu verzehren, da sie Giftstoffe enthalten. Ein kurzes Blanchieren reicht jedoch aus, um diese unschädlich zu machen.

Erbsensprossen

Rote-Bete-Sprossen

Haselnüsse

Kürbiskerne

Pinienkerne

Sesamsamen

Toppings mit Biss

Nüsse und Samen

Egal, ob Hasel- oder Walnüsse, Sonnenblumen-
oder Pinienkerne, Esskastanien, Pistazien oder
Mandeln: Mit Nüssen und Samen – entweder
klein gehackt oder gemahlen, fein geröstet
oder kandiert – lassen sich Salate schnell und
einfach aufpeppen.

Tipp: Ein besonders intensives Aroma entfalten
Nüsse und Samen, wenn sie leicht geröstet sind:
einfach in einer Pfanne ohne Fett so lange unter
Rühren erhitzen, bis sie anfangen zu duften und
eine leichte Bräunung annehmen. Aber auch im
Ofen geht es gut: Nüsse oder Samen auf ein mit
Backpapier ausgelegtes Backblech geben und bei
180 Grad rösten, bis sie hellbraun sind.

Sonnenblumenkerne

Walnüsse

Gemüse kunstvoll inszeniert

Rauten (A)

Möhren und Kohlrabi lassen sich wunderbar in kleine dekorative Rauten schneiden. Dazu das Gemüse schälen, vierteln und schräg mit einem scharfen Messer erst längs, dann quer rautenförmig zerteilen.

Gemüsespaghetti und -spiralen (B)

Ob Spaghetti oder Spiralen: Mit einem Spiralschneider lässt sich Gemüse in feinen Streifen abschälen.

Hauchdünne Streifen (C)

Mit einem Sparschäler das Gemüse in hauchdünne Streifen schälen. Diese können Sie entweder roh marinieren oder kurz blanchieren und als lauwarmen Salat servieren.

Aus den dünnen Streifen lassen sich auch Gemüse-Pappardelle kreieren – dafür die Streifen einfach noch einmal der Länge nach halbieren.

Gemüse-Julienne (D)

Mit Julienne verzieren Sie Salate auf eine einfache, aber äußerst raffinierte und wirkungsvolle Art: Verschiedene Gemüsesorten – beispielsweise Zucchini, Möhren, Rettich oder Knollensellerie – erst in 1–2 mm dicke Scheiben schneiden, dann übereinanderlegen und mit einem scharfen Messer in möglichst lange und am besten schräge Julienne schneiden. Bissfest blanchieren.

Gemüsekugeln (E)

Möhren, Zucchini, Gurken oder Rettich waschen, schälen und mit einem Kugelausstecher gleich große Kugeln ausstechen.

A

B

C

D

B

E

A

A

D

D

E

C

B

Raffiniertes zum Basissalat

1

2

3

Ziegenkäse-Kräuter-Nocken

Zubereitungszeit: 10 Minuten

Zutaten für 4 Portionen

1 kleines Bund Schnittlauch
1 kleines Bund Petersilie
150 g kalter Ziegenfrischkäse

Zubereitung

Die Kräuter waschen, trocken schütteln, sehr fein
schneiden und auf einem flachen Teller verteilen.
Vom Ziegenfrischkäse* mit zwei Teelöffeln kleine
Nocken** abstechen und diese vorsichtig in den
Kräutern wälzen.

Tipp

* Besonders raffiniert wird diese Leckerei,
wenn Sie den Ziegenfrischkäse zusätzlich
mit Gewürzen verfeinern.

** Perfekt geformte Nocken erhalten Sie,
wenn der Ziegenfrischkäse richtig kalt ist.

Granatapfelgelee

Zubereitungszeit: 30 Minuten + 3 Stunden Kühlzeit

Zutaten für 10 Portionen

2 Granatäpfel (ergibt ca. 320 ml Saft)
4 Blatt Gelatine
200 ml Apfelsaft
50 g feiner Zucker
3 EL Zitronensaft
1 Prise Salz

Zubereitung

Granatäpfel mit einem scharfen Messer einschneiden. Jeweils ein Stück herausbrechen und so die Früchte öffnen. Die Kerne herauslösen und in einen Mixbecher geben. Mit einem Stabmixer pürieren und durch ein feines Sieb passieren.

Gelatine in kaltem Wasser einweichen. Apfelsaft mit Zucker aufkochen, vom Herd nehmen, Gelatine ausdrücken und in den Apfelsaft geben. Mit einem Schneebesen verrühren und Granatapfelsaft sowie Zitronensaft und Salz zugeben. Nochmals verrühren und in ein flaches, mit Frischhaltefolie ausgelegtes Gefäß gießen. Etwa 3 Stunden im Kühlschrank gelieren lassen.

Kurz vor dem Anrichten in Würfel* schneiden.

Tipp

* Die kleinen Geleewürfel passen perfekt zu einem Feldsalat mit gerösteten Nüssen.

Gewürzröllchen

Zubereitungszeit: 15 Minuten + 6–8 Minuten Backzeit

Zutaten für 4 Portionen

50 g Butter
3 Filoteigblätter
2 EL gehackte Pistazien
1 EL Kümmel
1 TL Meersalz
1 EL gehackter roter Pfeffer

Zubereitung

Den Backofen auf 190 Grad vorheizen. Butter in einem Topf zerlassen. Jeweils nur ein Filoteigblatt auf die Arbeitsfläche legen, da die Blätter schnell austrocknen und brüchig werden. Blätter vierteln und mit einem Teil der Butter bestreichen. Jedes Viertel vorsichtig einrollen und auf einem mit Backpapier ausgelegten Backblech platzieren.

Die Röllchen mit der restlichen Butter bepinseln, mit Pistazien und verschiedenen Gewürzen* bestreuen und im Backofen auf der mittleren Schiene 6–8 Minuten backen.

Tipp

* Natürlich können Sie die Röllchen mit vielen anderen Gewürzen bestreuen oder diese bereits beim Einrollen einarbeiten. So viele Gewürze es gibt, so viele Kombinationen und Geschmacksrichtungen sind möglich.

Gemüsetempura
Zubereitungszeit: 30 Minuten

Zutaten für 4 Portionen

60 g Weizenmehl
60 g Stärke
1 TL Backpulver
1 TL Salz
1 l Sonnenblumenöl (zum Frittieren)
800 g Gemüse (z. B. Champignons, Möhren, Brokkoli, Zuckerschoten)

Zubereitung

150 ml Wasser 15 Minuten in das Gefrierfach stellen.*

Mehl, Stärke, Backpulver und Salz in einer Schüssel vermischen. Das Eiswasser hinzugeben, alles schnell zu einem glatten Teig verrühren.

Das Sonnenblumenöl in einem Topf oder in der Fritteuse auf 170 Grad erhitzen. Gemüse putzen, in mundgerechte Stücke schneiden, diese dann mithilfe einer Gabel durch den Tempurateig ziehen, kurz abtropfen lassen und in das heiße Öl geben.** Knusprig frittieren, mit einer Schaumkelle herausnehmen und auf Küchenpapier abtropfen lassen.

Tipps

* Je kälter das Wasser ist, desto knuspriger wird der Teig beim Frittieren!

** Geben Sie nie zu viel Gemüse auf einmal in das Öl, sonst sinkt die Temperatur des Öls zu stark und der Teig saugt sich mit Fett voll.

Heimat – neu

Kulinarisches Feuerwerk voller Experimentierfreude

Was ist eigentlich Heimat? Für mich sind es Orte, mit denen ich schöne Kindheitserinnerungen verbinde. An denen ich mich aufgehoben, glücklich und wohl fühle. Heimat ist aber nicht nur ein Ort oder ein Gefühl. Sie duftet auch unverwechselbar – und schmeckt wunderbar vertraut.

Heimische Produkte und regionale Gerichte mit authentischem Geschmack erleben folgerichtig eine Renaissance – und zwar nicht nur in meiner Küche. Da machen traditionelle Salate natürlich keine

interpretiert

Ausnahme. Aber: Sie verstecken sich nicht länger in kleinen Beilagenschalen oder fristen ein kümmerliches Dasein am Tellerrand. Liebevoll verjüngt, kreativ verfeinert und kunstvoll präsentiert warten die Klassiker aus der Heimat darauf, von Ihnen neu entdeckt zu werden.

Folgen Sie mir auf einen kulinarischen Streifzug von Norden nach Süden, von Osten nach Westen – Sie werden begeistert sein!

Gemüsebeet

Radieschen
weißer Spargel
Blumenkohlröschen
Pinienkerne

Gemüsebeet
Zubereitungszeit: 1 Stunde

Zutaten für 4 Portionen

Für die Krümelschicht
250 g Pumpernickel

Für das Gemüse
1 Bund Radieschen
1 Bund weißer Spargel (500 g)
1 Packung Babymais (125 g)
1 Packung Minifenchel (200 g)
1 l kräftige Gemüsebrühe
16 kleine Blumenkohlröschen

Für das Pesto
2 Bund Basilikum (ca. 150 g)
80 g Pinienkerne
1 Knoblauchzehe
200 ml Olivenöl
60 g Parmesan
Salz
Pfeffer

Salz
Pfeffer
300 g Crème fraîche
1 Packung Erbsensprossen
(50 g; zum Garnieren)
40 g Rote-Bete-Blätter
(zum Garnieren)

Zubereitung

Den Backofen auf 180 Grad vorheizen.

Das Pumpernickel grob in Stücke brechen und mit dem Blitzhacker oder einem Messer sehr fein hacken. Auf einem mit Backpapier ausgelegten Backblech verteilen und 20 Minuten im Ofen trocknen. Herausnehmen und abkühlen lassen.

Radieschen waschen, die Wurzel und das Grün entfernen, Radieschen vierteln. Spargel schälen und die Enden ca. 2 cm abschneiden. Babymais und Minifenchel waschen und mit dem Spargel in mundgerechte Stücke schneiden.

Die Gemüsebrühe zum Kochen bringen. Zuerst den Spargel zugeben und die Hitze reduzieren. Nach 5 Minuten Mais, Fenchel und Blumenkohl zufügen und weitere 3 Minuten leicht köcheln lassen. Das Gemüse mit einer Schaumkelle aus der Brühe nehmen und auf einem großen Teller erkalten lassen.

Für das Pesto Basilikum waschen, putzen und die Blätter abzupfen. Pinienkerne in einer Pfanne ohne Fett goldbraun rösten und auf einem Teller

Tipp

Variieren Sie das Gemüsebeet immer wieder mit anderen Zutaten – beispielsweise mit Zuckerschoten, Brokkoli oder auch Bohnen. Und denken Sie daran: Je schlichter ein Rezept ist, desto mehr kommt es auf die Qualität der Produkte an!

abkühlen lassen. Knoblauchzehe schälen, grob hacken und mit Olivenöl, Basilikum und Pinienkernen fein mixen. Zum Schluss den Parmesan fein reiben und unter das Pesto heben. Alles mit Salz und Pfeffer abschmecken.

Anrichten

Streichen Sie mithilfe eines Ausstechrings (Ø 10 cm) und eines Löffels die mit Salz und Pfeffer gemischte Crème fraîche auf Teller, bestreuen diese mit etwas Pumpernickel und drücken die Brotkrumen leicht an.

Stecken Sie die verschiedenen Gemüsesorten in das Pumpernickelbeet und dekorieren es mit Erbsensprossen und Rote-Bete-Blättern. Zuletzt das Pesto rundherum verteilen – eine leckere, farbenfrohe Mischung, der wirklich keiner widerstehen kann.

1

2

3

Filoteigblätter
Cocktailtomaten
Kapernäpfel

Geschichteter Tomatensalat

Geschichteter Tomatensalat

Zubereitungszeit: 1 Stunde

Zutaten für 4 Portionen

500 g Cocktailtomaten
(verschiedene Farben)

5 EL Rotweinessig

9 EL Olivenöl

100 ml Gemüsebrühe

1 EL Zucker

1 EL Senf

Salz

Pfeffer

60 g Butter

2 Filoteigblätter

2 Burrata (à 150 g)

1 Bund Basilikum
(zum Garnieren)

3 EL Kapernäpfel
(zum Garnieren)

Zubereitung

Den Backofen auf 190 Grad vorheizen.

Cocktailtomaten waschen, trocken tupfen, den Strunk entfernen und die Tomaten mit einem scharfen Messer auf der Unterseite über Kreuz einritzen. In kochendem Wasser 10 Sekunden blanchieren, dann sofort in kaltem Wasser abschrecken. Jetzt die Haut der Cocktailtomaten entfernen, die Tomaten halbieren und in eine Schüssel geben.

Für die Vinaigrette Rotweinessig, 6 EL Olivenöl, Gemüsebrühe, Zucker, Senf, Salz und Pfeffer in ein Schraubdeckelglas geben und gut schütteln, sodass sich die Vinaigrette gut verbinden kann. Die fertige Vinaigrette zu den Cocktailtomaten geben und 30 Minuten marinieren.

Inzwischen die Butter in einem kleinen Topf zerlassen. Die Filoteigblätter* auf einem mit

Tipps

* Den Filoteig können Sie durch hauchdünn geschnittenes Graubrot ersetzen.

** Verführerisch verpackt in einem kunstvoll gedrehten Mozzarella-Säckchen, offenbart die Burrata erst beim Anschneiden ihr sahniges Frischkäse-Geheimnis, das jeden Feinschmecker zu wahren Begeisterungsstürmen hinreißt. Die Burrata krönt nicht nur diesen Salat, sondern schmeckt einmalig gut ganz pur zu Ciabatta oder Focaccia.

Backpapier ausgelegten Backblech verteilen und in Quadrate mit 8 cm Kantenlänge schneiden. Mit reichlich Butter bepinseln und 2–3 Minuten backen, bis sie goldbraun und knusprig sind. Herausnehmen und etwas abkühlen lassen.

Anrichten

Nehmen Sie die Tomaten aus der Vinaigrette und richten eine erste Schicht kreisförmig auf Tellern an, die Sie mit 2 Filoteigblättern und dann wieder mit Tomaten bedecken – stapeln Sie so lange, bis alle Tomaten und Filoteigblätter aufgebraucht sind. Krönen Sie jedes Türmchen mit einer Burrata-Hälfte** und beträufeln diese mit dem restlichen Olivenöl.

Jetzt nur noch Basilikumblättchen und halbierte Kapernäpfel über dem Salat verteilen, etwas Vinaigrette darumgeben und sofort servieren.

Linsensalat mit Jakobsmuscheln

Belugalinsen

Jakobsmuscheln

Friséesalat

Linsensalat mit Jakobsmuscheln
Zubereitungszeit: 1 Stunde

Zutaten für 4 Portionen

Für den Linsensalat
250 g Belugalinsen
1 Zwiebel
1 Knoblauchzehe
2 Möhren
2 EL Olivenöl (zum Braten)
1 EL Tomatenmark
200 ml Gemüsebrühe
5 EL dunkler Balsamico-Essig
Salz
Pfeffer

Für die Sellerieschleifen
1 Stange Staudensellerie

Für die Jakobsmuscheln
8 Jakobsmuscheln (mit Schale)
2 EL Sonnenblumenöl
(zum Braten)
Salz
Pfeffer
1 EL Butter

etwas Friséesalat (zum Garnieren)

Zubereitung

Die Belugalinsen* mit Wasser bedecken und 15–20 Minuten bissfest kochen. Währenddessen Zwiebel, Knoblauchzehe und Möhren schälen, würfeln und mit Olivenöl in einem Topf 5 Minuten braten. Tomatenmark zufügen, verrühren und mit Gemüsebrühe ablöschen.

Etwa 5 Minuten leicht köcheln lassen und von der Platte ziehen. Mit dunklem Balsamico-Essig verfeinern und eventuell mit etwas Salz und Pfeffer abschmecken.

Vom Sellerie mit einem Sparschäler dünne Streifen abschälen und in kaltes Wasser legen.

Die Jakobsmuscheln** mit einem Messer einen Spalt öffnen und den Muskel auf der flachen Seite der Muschel durchtrennen. So öffnen sie sich und man kann das Muschelfleisch auf der gewölbten Seite mit dem Messer herauslösen. Das Muschelfleisch von Kiemen, Rogen und dem kleinen Muskel, der direkt an der Muschel ist, befreien. Unter kaltem Wasser abspülen und trocken tupfen. Die gewölbten Schalen der Muscheln gut waschen und trocknen.

Tipps

* Kleine, feine, schwarzglänzende Kügelchen mit erlesenem Geschmack: Belugalinsen haben mit ihrem berühmten Namensvetter – dem Belugakaviar – vieles gemeinsam. Charakteristisch ist ihr leicht nussiges Aroma. Und: Im Gegensatz zu vielen anderen Linsensorten sind sie ideal für die schnelle Küche, denn vor dem Kochen müssen sie nicht eingeweicht werden.

** Jakobsmuscheln zählen zu den feinsten Meeresfrüchten und haben längst die Küchen dieser Welt erobert: Saftig, nussig und leicht süßlich verwöhnen sie Zunge und Gaumen. Ihre markant-riffelige Schale eignet sich außerdem wunderbar zum Gratinieren des Muschelfleischs und sorgt auch als „Geschirr" oder Dekoration für ein besonderes Ambiente auf der Festtafel.

1

2

Sonnenblumenöl in einer Pfanne erhitzen. Muschelfleisch darin von jeder Seite 1 Minute kross anbraten. Mit Salz und Pfeffer würzen. Butter zugeben und aufschäumen lassen, dann die Hitze reduzieren und das Muschelfleisch weitere 2 Minuten in der Pfanne schwenken.

Anrichten

Verteilen Sie mit einem Löffel die Belugalinsen auf die gewölbten Muschelschalen und setzen Sie jeweils eine Jakobsmuschel und etwas Friséesalat darauf.

Ein paar dekorativ platzierte Sellerieschleifen machen dieses kulinarische Kunstwerk vollends perfekt. Bon appétit!

Römersalat mit Speckdressing

Honig
Römersalatherzen
Speck

Römersalat mit Speckdressing
Zubereitungszeit: 20 Minuten

Zutaten für 4 Portionen

4 Römersalatherzen

Für das Dressing
100 g Speck
200 g Crème fraîche
4 EL weißer Balsamico-Essig
1 EL Senf
1 TL Honig
Salz
Pfeffer

1 kleines Bund Estragon
(zum Garnieren)
Pfeffer (zum Garnieren)

Zubereitung

Römersalatherzen waschen, eventuell äußere Blätter entfernen und die Herzen halbieren.

Für das Dressing den Speck fein würfeln. Eine Pfanne erhitzen und den Speck darin langsam auslassen. Auf Küchenpapier abtropfen lassen.

Crème fraîche mit Balsamico-Essig, Senf und Honig verrühren. Mit Salz und Pfeffer würzen.

Tipp

Ein fruchtiges Aroma verleihen Sie diesem Salat, indem Sie zusammen mit dem Speck einen klein gewürfelten süßen Apfel anbraten.

1

2

Anrichten

Verteilen Sie die Römersalathälften auf Tellern und nappieren sie großzügig mit dem Dressing.

Garnieren Sie den Salat mit krossen Speckwürfeln und fein geschnittenen **Estragonblättchen.** Mahlen Sie direkt nach dem Servieren **Pfeffer** darüber.

Pfifferlinge
Graubrot
Radieschen

Knödelsalat mit Pfifferlingen

Knödelsalat mit Pfifferlingen
Zubereitungszeit: 1 Stunde 30 Minuten

Zutaten für 4 Portionen

Für die Knödel

350 g Weißbrot
200 g Graubrot
250 ml Milch
1 Zwiebel
2 EL Butter (zum Anschwitzen)
1 Bund Petersilie
3 Eier
Salz
etwas frisch geriebene
Muskatnuss

Für die Pfifferlinge

1 Stange Lauch
150 g Pfifferlinge
1 EL Butter (zum Anschwitzen)
Salz
Pfeffer
1 Bund Radieschen

Für die Vinaigrette

2 EL grober Senf
3 EL Weißweinessig
1 TL Honig
5 EL Traubenkernöl
Salz
Pfeffer

1 kleines Bund Majoran
(zum Garnieren)

Zubereitung

Weißbrot und Graubrot in Würfel schneiden und in eine Schüssel füllen. Die Milch in einem Topf aufkochen und über die Brotwürfel geben.

Zwiebel schälen und in feine Würfel schneiden. Butter in einem Topf zerlassen, die Zwiebelwürfel darin 5 Minuten anschwitzen, dann zum eingeweichten Brot geben.

Petersilie waschen, trocken schütteln und die Blättchen abzupfen. Mit einem Messer fein hacken und mit den Eiern zum Brot geben. Mit Salz und Muskatnuss abschmecken und alles gut zu einem Teig vermischen.

Die Hälfte der Masse auf ein Stück Frischhaltefolie geben und zu einer Rolle wickeln. Dabei die Enden gut eindrehen. Dann mit Alufolie umwickeln und die Enden wie ein Bonbon eindrehen. Ebenso mit der anderen Hälfte der Knödelmasse verfahren. In einen Topf mit kochendem Wasser geben, auf schwache Hitze stellen und ca. 30 Minuten in heißem Wasser ziehen lassen. Herausnehmen und abkühlen lassen.*

Inzwischen den Lauch waschen, putzen und in ca. 10 cm lange Streifen schneiden. Pfifferlinge mit etwas Küchenpapier säubern.

Tipp

* Wer mag, kann die Knödelscheiben auch kurz in etwas Butter anbraten.

Die Butter in einer Pfanne zerlassen, zuerst den Lauch 3 Minuten anschwitzen, dann die Pfifferlinge zugeben und weitere 2 Minuten braten. Mit Salz und Pfeffer würzen und warm halten.

Die Radieschen waschen, die Wurzel und das Grün entfernen, Radieschen dann vierteln.

Für die Vinaigrette groben Senf mit Weißweinessig und Honig vermischen. Traubenkernöl unterrühren, mit Salz und Pfeffer würzen.

Anrichten

Wickeln Sie die Knödel aus der Folie und schneiden sie in Scheiben, die Sie noch halbieren können. Richten Sie die Knödel mit Lauch, Pfifferlingen und Radieschen auf Tellern an. Abschließend mit der Vinaigrette beträufeln und mit frisch gehacktem Majoran bestreuen.

1

2

3

Kulinarische Urlaubs-

Fernweh in Genuss für alle Sinne verwandeln

Der Duft von Olivenöl und frischem Basilikum lässt Sie sofort den Alltag vergessen? Beim Genuss so herrlich nach Meer schmeckender Muscheln fühlen Sie sich mitten in ein kleines Restaurant in der Provence versetzt? Und mit Couscous verbinden Sie den Zauber des Orients?

Auf den folgenden Seiten präsentiere ich Ihnen von verschiedenen Landesküchen inspirierte Salatspezialitäten: Rezepte, die Urlaubs-

erinnerungen

erinnerungen auf leckerste Weise wach halten, Appetit auf neue Entdeckungen machen – und die vor allem ein Fest für alle Sinne sind.

Sind Sie bereit für raffinierte Salatkreationen aus aller Welt? Dann nichts wie los! Lassen Sie Ihrer Fantasie freien Lauf, schwelgen und genießen Sie!

Entenbrüste
Basmatireis
Chilischoten
Zitronengras

Thai-Salat
mit Ente im Salatblatt

1

2

3

4

Thai-Salat mit Ente im Salatblatt

Zubereitungszeit: 45 Minuten

Zutaten für 4 Portionen

Für die Ente

2 Entenbrüste
2 EL Sonnenblumenöl (zum Anbraten)
Salz
Pfeffer

Für den Salat

5 EL Basmatireis
2 Chilischoten
1 Bund Frühlingszwiebeln
2 Stangen Zitronengras
Saft von **2** Limetten
3 EL geröstetes Sesamöl
4 EL Fischsoße
8 Kaffirlimettenblätter
Salz
Pfeffer

1 Kopfsalat

Zubereitung

Den Backofen auf 180 Grad vorheizen.

Die Haut der Entenbrüste abziehen und auf ein mit Backpapier ausgelegtes Backblech geben, mit einem zweiten Blatt Backpapier und einem zweiten Backblech bedecken und in 15 Minuten auf der mittleren Schiene knusprig backen.

Währenddessen eine Pfanne mit dem Sonnenblumenöl erhitzen, die Entenbrüste salzen und pfeffern und von beiden Seiten jeweils 1 Minute anbraten. Danach im Ofen fertig garen, dafür die Brüste in den letzten 7 Minuten mit auf das Blech mit der Entenhaut legen. Herausnehmen und auf einem Teller abkühlen lassen.

Den Basmatireis in einer Pfanne ohne Fett goldbraun anrösten, dann herausnehmen und abkühlen lassen.

Chilischoten halbieren, entkernen, waschen, trocken tupfen und in feine Würfel schneiden. Frühlingszwiebeln putzen und fein schneiden. Zitronengras von den äußeren Blättern befreien, den Strunk teilweise entfernen und den weißen Teil fein hacken.

Entenbrüste würfeln. Reis in einem Mörser grob reiben oder mit dem Messer grob hacken. Entenbrüste, Reis, Chili, Frühlingszwiebeln und Zitronengras in eine Schüssel geben. Limettensaft, Sesamöl und Fischsoße mit in die Schüssel geben.

Tipp

* Kaffirlimettenblätter sind mit ihrem Zitronenaroma und dem herb-frischen Geschmack ein Charaktergewürz der thailändischen Küche. Die getrockneten Blätter können Sie für alle Speisen verwenden, die auch sonst mit Zitronenaromen harmonieren. Wichtig: Geben Sie die Blätter immer erst kurz vor dem Ende der Garzeit dazu, sonst verlieren sie sehr schnell ihr herrliches Aroma.

Die Kaffirlimettenblätter* in feine Streifen schneiden und unter den Salat heben. Alles mit Salz und Pfeffer abschmecken.

Anrichten

Füllen Sie den Entensalat mithilfe eines Löffels in die einzelnen Kopfsalatblätter. Brechen Sie die krosse Haut der Ente in Stücke und verteilen Sie diese auf den gefüllten Salatblättern.

Feigen
Portwein
Rucola

Feigen-Portwein-Salat mit Balsamico-Reduktion, Mozzarella und Rucola

Feigen-Portwein-Salat mit Balsamico-Reduktion, Mozzarella und Rucola

Zubereitungszeit: 30 Minuten + 1 Stunde Marinierzeit

Zutaten für 4 Portionen

8 Feigen
300 ml Portwein
3 EL Zucker
6 EL dunkler Balsamico-Essig
100 g Rucola

12 kleine Büffelmozzarella-Kugeln
Fleur de Sel
Pfeffer

Zubereitung

Die Feigen in gleichmäßige Scheiben schneiden. Portwein mit Zucker in einem flachen Topf zum Kochen bringen und 5 Minuten leicht köcheln lassen. Vom Herd nehmen, die Feigenscheiben hineinlegen und 1 Stunde marinieren.

Danach die Scheiben aus dem Sud nehmen, Balsamico-Essig zugeben und den Portweinsud sämig einkochen lassen.

Inzwischen den Rucola von den harten Stielen befreien, waschen und trocken schleudern.

Tipp

* Erinnern Sie sich an meine Empfehlung „Je einfacher das Gericht, desto besser sollten die Zutaten sein."? Was für Salat, Gemüse und Öle richtig ist, gilt beim Mozzarella erst recht. Verwenden Sie deshalb möglichst nur Mozzarella aus Büffelmilch, denn im Gegensatz zu Sorten aus Kuhmilch hat er einen ausgeprägten Geschmack und ein zartes, süßsaures Aroma.

1

2

3

Anrichten

Verteilen Sie die Feigenscheiben dachziegel-artig auf Tellern und richten jeweils 3 kleine **Mozzarella-Kugeln*** und etwas Rucola darauf an. Nun noch mit **Fleur de Sel** und **Pfeffer** würzen und reichlich Portwein-Balsamico-Reduktion darübergeben – fertig!

Übrigens: Auch hauchdünner Parmaschinken harmoniert perfekt mit den Feigen.

Muschelsalat mit Tomatenvinaigrette, Fenchel und Knoblauch

Baguette
Palourde-Muscheln
Bouchot-Muscheln
Tomaten

Muschelsalat mit Tomatenvinaigrette, Fenchel und Knoblauch

Zubereitungszeit: 1 Stunde

Zutaten für 4 Portionen

Für das Knoblauchbaguette

1 Baguette
1 Knoblauchzehe

Für den Muschelsalat

500 g Palourde-Muscheln
500 g Bouchot-Muscheln
4 Tomaten
3 Fenchelknollen
Salz
1 Schalotte
2 Knoblauchzehen
6 EL Olivenöl
1 kleines Bund Thymian
150 ml Noilly Prat
4 EL weißer Balsamico-Essig

Pfeffer (zum Garnieren)

Zubereitung

Den Backofen auf 180 Grad vorheizen.

Das Baguette in dünne Scheiben schneiden und mit einer halbierten Knoblauchzehe einreiben. Auf einem mit Backpapier ausgelegten Backblech 10–15 Minuten goldbraun rösten.

Inzwischen die Muscheln* unter fließendem kaltem Wasser in einem Sieb gründlich waschen. Mit einem kleinen, scharfen Messer die Bärte der Muscheln entfernen.

Aus den Tomaten mit einem kleinen, scharfen Messer das Grüne herausschneiden und die Tomaten auf der Unterseite über Kreuz einritzen. In kochendem Wasser 10 Sekunden blanchieren, danach sofort in kaltem Wasser abschrecken. Häuten, vierteln, entkernen und die Tomaten in kleine Würfel schneiden.

Den Fenchel waschen, halbieren und den Strunk mit einem Messer entfernen. Das Fenchelgrün abschneiden und zur Seite legen. Den Fenchel mit einem Hobel in hauchdünne Streifen schneiden. In eine Schüssel geben und salzen.

Die Schalotte und die Knoblauchzehen schälen und fein würfeln. 3 EL Olivenöl in einem Topf erhitzen, darin die Schalotten- und Knoblauchwürfel kurz anschwitzen. Nun die Muscheln und den Thymian zugeben, die Hitze erhöhen und die Muscheln mit Noilly Prat ablöschen. Deckel auf

Tipp

* Bei Muscheln gilt die Faustregel: „Nur die Guten kommen ins Töpfchen!" Sortieren Sie vor der Zubereitung beschädigte oder offene Exemplare direkt aus. Schließen sich nur etwas geöffnete Muscheln beim leichten Zusammendrücken wieder, können Sie sie aber beruhigt verwenden. Wichtig: unbedingt den sogenannten Muschelbart entfernen! Das gelingt am besten, indem Sie ihn ruckartig zum spitzen Ende wegziehen.

den Topf geben, Hitze wieder reduzieren und die Muscheln ca. 5 Minuten leicht köcheln lassen – zwischendurch kurz umrühren. Danach Muscheln in ein Sieb gießen und den Muschelsud in einer Schüssel auffangen.

Sofort den heißen Sud, Tomatenwürfel und Balsamico-Essig über den Fenchel geben und diesen damit marinieren.

Die nicht geöffneten Muscheln entfernen. Von der Hälfte der geöffneten Muscheln das Fleisch herauslösen und die Schalen entfernen. Restliche Muscheln und ausgelöstes Muschelfleisch zum Fenchel geben. Auch gewürfelte Schalotten und Knoblauch wieder hinzufügen.

Anrichten

Verteilen Sie den Salat auf Tellern. Schneiden Sie das Fenchelgrün in grobe Stücke und streuen es über den Salat. Mit einem kleinen Löffel restliches Olivenöl über den Muschelsalat träufeln. Mit frisch gemahlenem Pfeffer würzen. Servieren Sie dazu das Knoblauchbaguette – ein Hochgenuss!

Couscous-Salat in der Artischocke mit Pinienkernen

Artischocken

Zitrone

Couscous

Rosinen

Couscous-Salat in der Artischocke mit Pinienkernen

Zubereitungszeit: 1 Stunde

Zutaten für 4 Portionen

Für die Artischocken

4 große Artischocken
1 Zitrone
3 Knoblauchzehen
1 TL Salz
1 kleines Bund Thymian
4 EL Olivenöl

Für den Couscous

300 g Couscous
50 g Rosinen
1 ½ TL Ras el-Hanout
Salz
Pfeffer
2 Chilischoten
1 Möhre
450 ml Gemüsebrühe
1 Dose Safranpulver
4 EL Olivenöl
60 g Pinienkerne
1 kleines Bund Petersilie

einige essbare Blüten
(zum Garnieren; z. B. Ringelblumen)

Zubereitung

Von den **Artischocken** jeweils den Stiel und einen Teil des Bodens entfernen. Dann die Spitzen abschneiden und die äußeren, harten Blätter abzupfen. Mit einem kleinen Messer alle grünen Teile gründlich entfernen, bis nur noch weißes Fleisch übrig ist. Dann das innere Heu mit einem Parisienne-Ausstecher herausnehmen.

Die **Zitrone** halbieren und die Artischocken mit einer Hälfte gründlich einreiben. Den Saft der anderen Zitronenhälfte in eine Schüssel pressen und mit kaltem Wasser auffüllen. Die fertig geputzten Artischockenböden kurz in das Wasser legen, dann das Wasser durch ein Sieb in den Kochtopf geben.

Die geputzten Artischocken in den Topf legen, mit weiterem Wasser bedecken und zum Kochen bringen. **Knoblauchzehen** schälen, andrücken und ebenfalls ins Wasser geben. Mit **Salz** würzen.

Thymian und **Olivenöl** hinzufügen und etwa 15 Minuten abgedeckt gar ziehen lassen – nicht kochen! Im Sud auskühlen lassen.

Währenddessen **Couscous***, **Rosinen**, **Ras el-Hanout****, **Salz** und **Pfeffer** in einer Schüssel mischen. **Chilischoten** halbieren, entkernen, waschen, trocken tupfen und fein würfeln. **Möhre** schälen und ebenso fein würfeln. Chili- und Möhrenwürfel zum Couscous geben.

Tipps

* Alternativ können Sie Bulgur für die Füllung verwenden.

** Ras el-Hanout – allein der Name erinnert an tunesische Basare und marokkanische Souks, die den Besucher mit dem Duft geheimnisvoller Gewürze betören. Und so verschieden die Stände sind, so unterschiedlich sind die Rezepturen von Ras el-Hanout: Bis zu 30 verschiedene Aromen verbinden sich zu wundervollen Kombinationen, denen eines gemeinsam ist: Sie passen zu dunklem Fleisch, Reis, Gemüse und Hülsenfrüchten und verleihen Couscous einen einzigartigen Geschmack. Setzen Sie das Gewürz aber besser sparsam ein, sonst gehen andere Aromen leicht unter.

Gemüsebrühe aufkochen, Safran zugeben und verrühren. Über den Couscous gießen und ca. 5 Minuten ziehen lassen. Dann mit einer Gabel etwas auflockern, Olivenöl zufügen und alles vermischen.

Pinienkerne ohne Fett in einer Pfanne rösten und grob hacken. Petersilie waschen, trocken schütteln und fein hacken. Beides unter den Couscous heben.

Anrichten

Nehmen Sie die Artischocken aus dem Sud und füllen Sie den Couscous ein. Abschließend mit einigen essbaren Blüten dekorieren.

Mexikanischer Maissalat mit Chilibohnen und Koriander

Zuckermaiskolben

Kidneybohnen

Pimientos de Padrón

Lollo rosso

Mexikanischer Maissalat mit Chilibohnen und Koriander

Zubereitungszeit: 40 Minuten

Zutaten für 4 Portionen

Für den Salat

4 Zuckermaiskolben

Salz

4 EL Olivenöl (zum Braten)

Fleur de Sel

Pfeffer

1 Glas Kidneybohnen

1 Kopf Lollo rosso

300 g Pimientos de Padrón

2 EL Olivenöl

Fleur de Sel

Für die Vinaigrette

Saft von **2** Limetten

5 EL Olivenöl

2 TL Rohrohrzucker

Fleur de Sel

Pfeffer

etwas frischer Koriander

(zum Garnieren)

Zubereitung

Maiskolben von den äußeren Blättern befreien. In einem großen Topf mit Salzwasser 15–20 Minuten weich garen, dann herausnehmen und abschrecken.

Mais vom Kolben schneiden und in einer Pfanne mit 2 EL **Olivenöl** ca. 5 Minuten unter Rühren braten. Mit **Fleur de Sel** und **Pfeffer** würzen.

Kidneybohnen unter fließendem Wasser abspülen. **Lollo rosso** putzen, waschen, trocken schleudern und in mundgerechte Stücke zupfen.

Pimientos de Padrón gut waschen und trocken tupfen. 2 EL **Olivenöl** in einer Pfanne erhitzen, die Pimientos darin unter Rühren ca. 5 Minuten anbraten und Farbe annehmen lassen. Mit **Fleur de Sel** bestreuen.

Mais, Kidneybohnen, Lollo rosso und Pimientos in einer Schüssel mischen.

Tipps

* Sie mögen keinen Koriander? Nehmen Sie einfach Petersilie.

Ein bisschen schärfer, bitte? Geben Sie 1–2 fein gewürfelte Chilischoten dazu.

Für die Vinaigrette Limettensaft, Olivenöl, Rohrohrzucker, Fleur de Sel und Pfeffer in ein Schraubdeckelglas füllen und kräftig schütteln.

Anrichten

Richten Sie den Salat auf Tellern an und träufeln Sie reichlich Vinaigrette darüber. Einige Koriander-blättchen* auf dem Salat runden die Komposition perfekt ab.

Lauwarmer Steinpilz-Kürbis-Salat

roter Feldsalat
Hokkaido-Kürbis
Steinpilze

Lauwarmer Steinpilz-Kürbis-Salat
Zubereitungszeit: 45 Minuten

Zutaten für 4 Portionen

150 g roter Feldsalat
500 g Hokkaido-Kürbis
8 EL Olivenöl
Salz
Pfeffer
2 Zweige Rosmarin
2 Knoblauchzehen
500 g kleine Steinpilze
1 EL Butter
4 EL Sherry-Essig
1 TL Honig

60 g Parmesan
(zum Garnieren)

Zubereitung

Den Backofen auf 180 Grad vorheizen.

Den Feldsalat in einzelne Blätter zupfen, waschen und trocken schleudern. Den Kürbis in Spalten schneiden, auf einem mit Backpapier ausgelegten Backblech verteilen, mit 2 EL Olivenöl beträufeln und mit Salz und Pfeffer würzen.

Von den Rosmarinzweigen die Nadeln gegen die Wuchsrichtung abstreifen.

Die Knoblauchzehen schälen und andrücken. Die Nadeln eines Rosmarinzweigs und eine Knoblauchzehe zu den Kürbisspalten geben und vermischen. 15–20 Minuten im Backofen auf der mittleren Schiene schmoren.

Inzwischen die Steinpilze* putzen und halbieren oder vierteln.

Tipp

* Kräuterseitlinge, Maronen oder Pfifferlinge bieten sich als Alternative für den eher seltenen Steinpilz an. Besonders Kräuterseitlinge sind dem Steinpilz in seiner Konsistenz sehr ähnlich.

In einer Pfanne 2 EL Olivenöl erhitzen. Steinpilze, restlichen Knoblauch und Rosmarin zugeben. Farbe annehmen lassen, mit Salz und Pfeffer würzen. Butter hinzufügen, aufschäumen lassen und 2 Minuten weiterbraten.

Sherry-Essig mit dem restlichen Olivenöl und dem Honig vermischen.

Anrichten

Kürbisspalten, Steinpilze und Feldsalat auf den Tellern verteilen und mit der Salatsoße beträufeln. Parmesan hobeln und über dem Salat verteilen.

Auberginen
Paprikaschoten
Zucchini
Zitrone

Antipasti-Salat to go

Antipasti-Salat to go

Zubereitungszeit: 1 Stunde

Zutaten für 4 Portionen

2 gelbe Paprikaschoten
2 rote Paprikaschoten
Fleur de Sel
Pfeffer
10 EL Olivenöl
2 Knoblauchzehen
5 Zweige Thymian
2 Auberginen
2 Zucchini
Saft von **1** Zitrone

1 Bund Basilikum
(zum Garnieren)

Zubereitung

Den Backofen auf 180 Grad vorheizen.

Paprikaschoten vierteln, Samen und Scheidewände entfernen, Früchte waschen und auf einem mit Backpapier ausgelegten Backblech verteilen. Salzen, pfeffern und mit 3 EL Olivenöl beträufeln.

Knoblauchzehen schälen, andrücken und mit den Thymianzweigen auf dem Blech verteilen. Alles mit Alufolie bedecken und 30 Minuten im Backofen auf der mittleren Schiene schmoren. Dann herausnehmen und 10 Minuten ruhen lassen. Alufolie abnehmen und die Paprika schälen.

Inzwischen Auberginen und Zucchini waschen, trocken tupfen und längs in ca. 1 cm dicke Scheiben schneiden. Die Scheiben in einer Grillpfanne mit 4 EL Olivenöl nach und nach auf jeder Seite 2 Minuten grillen. Dabei mit Salz und Pfeffer würzen. Auf eine Platte geben und mit etwas Zitronensaft beträufeln.

Tipp

Den Salat können Sie übrigens wunderbar am Vortag zubereiten. Vor dem Servieren nur kurz im Backofen erwärmen.

Anrichten

Die Paprika abwechselnd mit Zucchini- oder Auberginenscheiben einrollen. Dafür auf jeden Zucchini- und Auberginenstreifen je einen Paprikastreifen legen und zusammen aufrollen – eventuell mit einem kleinen Spieß fixieren. Basilikumblättchen darüber verteilen. Die Röllchen mit dem restlichen Olivenöl und Zitronensaft beträufeln.

1

2

Weißer Bohnensalat mit Staudensellerie und Parmaschinkenchips

weiße Bohnen

Tomaten

Parmaschinken

Weißer Bohnensalat mit Staudensellerie und Parmaschinkenchips

Zubereitungszeit: 1 ¾ Stunden + 2–3 Stunden Einweichzeit

Zutaten für 4 Portionen

Für die Bohnen

300 g kleine weiße Bohnen
Salz
2 Lorbeerblätter
3 Knoblauchzehen
2 Zwiebeln
5 EL Olivenöl (zum Anschwitzen)
2 Stangen Staudensellerie
3 Tomaten
Pfeffer
3 EL weißer Balsamico-Essig

Für die Parmaschinkenchips

8 Scheiben Parmaschinken

Für das Brot

1 italienisches Weißbrot
3 EL Olivenöl (zum Grillen)

Pfeffer (zum Garnieren)
einige Sellerieblättchen
(zum Garnieren)

Zubereitung

Die weißen Bohnen 2–3 Stunden vor dem Kochen in kaltem Wasser einweichen. Anschließend erst in einem Sieb abtropfen lassen, dann in einen Topf geben, mit kaltem Wasser auffüllen und gut salzen. Lorbeerblätter hinzufügen.

Knoblauchzehen schälen, andrücken und ebenso hinzugeben. Bohnen 50–60 Minuten bei schwacher Hitze weich kochen, dabei ab und zu mit einer Schaumkelle die Trübstoffe abschöpfen.

Währenddessen die Zwiebeln schälen und fein würfeln. Zwiebelwürfel mit Olivenöl in einem Topf glasig schwitzen. Bohnen durch ein Sieb abgießen und zu den Zwiebeln geben. Die Selleriestangen putzen, waschen, gut trocken schütteln, in Streifen schneiden und ebenfalls zu den Zwiebeln geben.

Den Backofen auf 180 Grad vorheizen.

Den Strunk der Tomaten mit einem kleinen Messer herausschneiden, die Schale auf der Unterseite kreuzförmig einritzen. Tomaten in kochendem Wasser 15–20 Sekunden blanchieren. Dann herausnehmen, kalt abschrecken, schälen, vierteln und entkernen. Die Tomatenviertel in Stücke schneiden und zu den Bohnen geben. Alles mit Salz, Pfeffer und Balsamico-Essig abschmecken.

Tipp

Den Salat können Sie auch lauwarm genießen. Ersetzen Sie den Parmaschinken ruhig mal durch geräucherten Speck, denn sein würziges Aroma harmoniert super mit den anderen Zutaten.

Parmaschinkenscheiben halbieren, auf einem
mit Backpapier ausgelegten Backblech verteilen
und 10–12 Minuten im Ofen knusprig backen.

Das Weißbrot in Scheiben schneiden und in einer
Grillpfanne mit dem Olivenöl von beiden Seiten
goldbraun grillen.

Anrichten

Geben Sie den Bohnensalat mit einem Löffel auf die
Brotscheiben und legen die Parmaschinkenchips an.
Mit grobem Pfeffer bestreuen, mit Sellerieblättchen
garnieren, servieren – und genießen.

1

2

3

Von Saison

... immer in Bestform

Klar, besonders an einem heißen Frühlings- oder Sommertag gibt es keinen leichteren und schneller zubereiteten Genuss als einen knackig-frischen Salat – erst recht, wenn Sie ihn mit raffinierten Zutaten und einem pikanten Dressing zu einem wahren Glanzlicht im Menü veredeln.

Doch auch in Herbst und Winter sind der kreativen Salatküche keine Grenzen gesetzt, denn nussiger Feldsalat, leicht bitterer Chicorée und feinwürziger Radicchio wecken allein beim Anschauen Appetit. Liebevoll angerichtet mit Preiselbeeren, Wildkräutern oder Wildschweinschinken lassen sie später nicht

zu Saison

nur die Geschmacksknospen explodieren, sondern erheben den Salat auch zu einem optischen Highlight.

Ich bin mir sicher: Unter den folgenden Rezepten finden Sie ganz schnell Ihren Favoriten für jede Jahreszeit. Ich wünsche Ihnen viel Spaß beim Zubereiten, Ausprobieren, Variieren und Genießen!

Tipp: Bevorzugen Sie am besten heimische und saisonal verfügbare Salat- und Gemüsesorten – Sie werden auf jeden Fall mit bester Qualität und jeder Menge Geschmack belohnt.

Wildkräutersalat mit Ziegenkäse-Hanuta

Knäckebrot

Ziegenfrischkäse

Holundergelee

Wildkräutersalat mit Ziegenkäse-Hanuta

Zubereitungszeit: 30 Minuten

Zutaten für 4 Portionen

Für den Salat

2 Bund Wildkräuter
(ca. 300 g; z. B. Borretsch,
Löwenzahn, Kapuzinerkresse)

Für das Ziegenkäse-Hanuta

4 EL Sesamsaat
8 Scheiben dünnes Knäckebrot
300 g Ziegenfrischkäse

Für die Vinaigrette

4 EL Sherry-Essig
2 EL Holundergelee
3 EL Traubenkernöl
Salz
Pfeffer

Zubereitung

Wildkräuter* vorsichtig waschen, die dicken
Stiele entfernen und die Blätter abzupfen.
Alles in mundgerechte Stücke schneiden und
trocken schleudern.

Die Sesamsaat in einer Pfanne ohne Fett bei
mittlerer Hitze goldbraun rösten. Auf einen
Teller geben und etwas abkühlen lassen.

Die Knäckebrotscheiben halbieren. Den Ziegen-
frischkäse in Scheiben schneiden und jeweils eine
Scheibe auf eine Knäckebrothälfte legen, mit der
zweiten bedecken und ein wenig andrücken. Die
Seiten des Ziegenkäse-Hanutas in den gerösteten
Sesam drücken.

Tipp

* Lassen Sie sich am besten zu
den Geschmacksrichtungen
der einzelnen Wildkräuter
beraten. Diese kleine Entdeckungstour wird Ihnen
sicher viel Freude bereiten,
denn von bitter bis würzig
sind alle Aromen dabei.
Wenn Sie sich erst langsam
an Wildkräuter herantasten
möchten, mischen Sie nur
wenige Sorten mit Kopfsalat.

Sherry-Essig, Holundergelee, Traubenkernöl, Salz und Pfeffer in ein Schraubdeckelglas geben. Das Glas verschließen, kräftig schütteln und die Vinaigrette abschmecken.

Anrichten

Richten Sie die Wildkräuter auf Tellern an, nappieren diese mit der Holundervinaigrette und setzen die Ziegenkäse-Hanutas neben den Salat. Füllen Sie die restliche Vinaigrette in kleine Gläser und servieren sie separat zu dem Salat.

1

2

Spargelsalat mit Schnittlauch-Vinaigrette

grüner Spargel

Zitrone

essbare Blüten

Spargelsalat mit Schnittlauch-Vinaigrette

Zubereitungszeit: 1 Stunde

Zutaten für 4 Portionen

Für den Spargelsalat

500 g grüner Spargel
Salz
500 g weißer Spargel
Saft von **½** Zitrone
1 EL Butter

Für die Vinaigrette

5 EL Traubenkernöl
4 EL weißer Balsamico-Essig
3 EL Gemüsebrühe
1 TL Senf
Salz
Pfeffer

Für die Toastbrotwürfel

2 Scheiben Toastbrot
1 EL Butter (zum Braten)

2 hart gekochte Eier
(zum Garnieren)
1 Bund Schnittlauch
(zum Garnieren)
einige essbare Blüten
(zum Garnieren; z. B. Borretsch)

Zubereitung

Den grünen Spargel im unteren Drittel schälen, an den Enden ca. 2 cm abschneiden und in kochendem Salzwasser 5 Minuten bissfest garen. Mit kaltem Wasser abschrecken und abtropfen lassen.

Den weißen Spargel schälen, die Enden ebenso abschneiden. Salzwasser mit dem Zitronensaft und der Butter zum Kochen bringen. Spargel zugeben, aufkochen lassen, Hitze reduzieren und 10–12 Minuten garen. Dann aus dem Sud nehmen und abkühlen lassen.

Inzwischen das Traubenkernöl mit Balsamico-Essig, Gemüsebrühe, Senf, Salz und Pfeffer in ein Schraubdeckelglas geben und kräftig schütteln.

Spargel längs in sehr dünne Streifen schneiden.

Den Toast mit einem Nudelholz plattieren, dann in kleine Würfel schneiden. Die Butter in einer Pfanne erhitzen und die Toastbrotwürfel darin goldbraun braten.

Anrichten

Die weißen Spargelstreifen mit etwas Abstand auf den Tellern verteilen, die grünen nun einmal oben und einmal unten durchflechten. So verfahren, bis ein gleichmäßiges Muster entstanden ist. Den Spargel mit Vinaigrette beträufeln, fein gehacktes Ei, Schnittlauch und Toastbrot darüberstreuen und mit essbaren Blüten dekorieren.

Gurkensalat mit Garnelenspießen

Salatgurken

Limette

Naturjoghurt

Honig

Garnelen

Gurkensalat mit Garnelenspießen
Zubereitungszeit: 30 Minuten

Zutaten für 4 Portionen

Für den Gurkensalat
2 Salatgurken
1 ½ TL Salz
1 rote Zwiebel

Für das Dressing
1 unbehandelte Limette
2 EL Olivenöl
150 g Naturjoghurt
1 TL Honig
Cayennepfeffer
Salz

Für die Garnelen
300 g frische oder TK-Garnelen
Salz
Pfeffer
3 EL Olivenöl (zum Braten)

Pfeffer (zum Garnieren)

Zubereitung

Gurken waschen, abtrocknen, mit einem Sparschäler in breite Streifen schälen, diese mit einem Messer der Länge nach in dünnere Streifen schneiden. In eine Schüssel geben, mit **Salz** mischen und 10 Minuten ziehen lassen. Dann das entstandene Wasser abgießen.

Die **Zwiebel** schälen, halbieren, in dünne Scheiben schneiden und zu den Gurken geben.

Für das Dressing die **Limette** waschen und die Schale fein abreiben. Danach halbieren und den Saft auspressen. **Olivenöl, Naturjoghurt, Honig** und Limettensaft mischen, mit **Cayennepfeffer** und **Salz** abschmecken. In einen Mixbecher geben.

Garnelen von der Schale befreien, dabei die Schwänze nicht entfernen. Die Rückseite mit einem scharfen Messer vorsichtig einschneiden und den schwarzen Darm entfernen. Garnelen unter fließendem kaltem Wasser abspülen und auf Küchenpapier abtropfen lassen.

Tipps

* Ein einfacher Test, um die gewünschte glasige Beschaffenheit zu prüfen: Stechen Sie eine Metallnadel 1 Sekunde in die dickste Stelle und halten Sie anschließend die Nadel an die Oberlippe. Die Nadel muss gerade warm sein, dann sind die Garnelen genau richtig. Auch gegrillt schmecken die Garnelen übrigens fantastisch.

Wenn Sie nicht auf den Dill im Gurkensalat verzichten möchten: Nur zu, würzen Sie ihn damit – er schmeckt auch in diesem Salat hervorragend.

1

Garnelen auf Holzspieße stecken und mit Salz und Pfeffer würzen. Mit dem Olivenöl in einer Pfanne bei mittlerer Temperatur von jeder Seite 2 Minuten braten.*

Anrichten

Richten Sie den Gurkensalat auf den Tellern an. Das Joghurtdressing mit einem Mixstab aufmixen und reichlich über den Salat geben. Legen Sie die Garnelenspieße an und mahlen Sie grob etwas Pfeffer darüber – sehr, sehr lecker!

2

3

Rindersteaks
Rote-Bete-Saft
Mangoldblätter

Asiatischer Rettichsalat

Asiatischer Rettichsalat

Zubereitungszeit: 50 Minuten

Zutaten für 4 Portionen

Für den Rettichsalat

1 großer Rettich (ca. 1 kg)

Salz

300 ml Rote-Bete-Saft

6 EL Mirin-Essig

4 EL geröstetes Sesamöl

2 EL Sesamsaat

Für das Fleisch

3 EL Sonnenblumenöl
(zum Anbraten)

2 Rindersteaks
(je 200 g; aus der Hüfte)

5 EL Teriyaki-Soße

Pfeffer

100 g Friséesalat
(zum Garnieren)

60 g junge Mangoldblätter
(zum Garnieren)

Zubereitung

Rettich schälen und in hauchdünne Scheiben hobeln. In eine Schüssel geben und mit Salz vermengen. Rote-Bete-Saft zufügen, Rettich Farbe annehmen lassen und 30 Minuten stehen lassen. Dann Rote-Bete-Saft abgießen und den Rettich mit Mirin-Essig und geröstetem Sesamöl marinieren.

In der Zwischenzeit Sesam in einer Pfanne ohne Fett leicht rösten. Auf einen Teller geben und abkühlen lassen.

Eine Pfanne mit Sonnenblumenöl heiß werden lassen. Die Rindersteaks waschen, trocken tupfen und in ca. 1 cm dicke Streifen schneiden. Im Öl scharf anbraten und Farbe annehmen lassen.* Ist es schön gebräunt, die Teriyaki-Soße zugeben und kurz damit glasieren. Das Fleisch auf einen Teller geben und pfeffern.

Tipp

* Das Fleisch können Sie nach und nach anbraten, sodass es nicht im entstehenden eigenen Saft zu kochen beginnt. Selbstverständlich wird dieser Salat auch mit einem anderen Fleisch, beispielsweise Hühnchen, zu einem kulinarischen Gedicht!

1

2

Anrichten

Verteilen Sie den Rettich auf Tellern und beträufeln ihn mit ein wenig Marinade. Platzieren Sie das Fleisch in der Mitte und dekorieren es mit einigen in Stücke gezupften Frisée- und ganzen jungen Mangoldblättern. Abschließend den gerösteten Sesam darüberstreuen und servieren.

Glasnudelsalat mit Gemüsespaghetti

Glasnudeln
Möhren
Chilischoten
Kohlrabi

Glasnudelsalat mit Gemüsespaghetti

Zubereitungszeit: 30 Minuten

Zutaten für 4 Portionen

Für den Glasnudelsalat
400 g Glasnudeln
3 Chilischoten
60 ml Reisessig
50 g brauner Zucker
Pfeffer

Für die Gemüsespaghetti
3 Möhren
2 Kohlrabi
Salz
150 g Zuckerschoten

1 Bund Koriander
(zum Garnieren)

Zubereitung

Für den Salat die Glasnudeln in eine Schüssel geben. Wasser in einem Topf aufkochen und die Glasnudeln damit übergießen. 5 Minuten ziehen lassen* und anschließend durch ein Sieb abgießen. Mit reichlich kaltem Wasser abspülen und sehr gut abtropfen lassen.

Chilischoten halbieren, entkernen, waschen, trocken tupfen und in kleine Würfel schneiden.

100 ml Wasser, Reisessig und braunen Zucker in einem Topf aufkochen, ca. 3 Minuten leicht köcheln lassen, vom Herd nehmen, Chiliwürfel hinzufügen und mit Pfeffer würzen.

Möhren und Kohlrabi schälen, beide Gemüsesorten erst mit einem Spiralschneider in Streifen, dann mit einem Messer in mundgerechte, ca. 10–15 cm lange Spaghetti schneiden. Gemüsespaghetti etwa 3 Minuten in kochendem Salzwasser blanchieren.

Tipp

* Achten Sie darauf, dass die Nudeln nicht zu lange im heißen Wasser ziehen und dass Sie die Chiliwürfel erst nach dem Reduzieren hinzufügen, sonst wird der Sud sehr scharf.

Inzwischen Zuckerschoten waschen, putzen, in Streifen schneiden und in der letzten Minute zu den Gemüsespaghetti geben. In ein Sieb gießen und kalt abschrecken.

Anrichten

Geben Sie Gemüsespaghetti und Glasnudeln in eine Schüssel, gießen Sie die Salatsoße darüber und mischen Sie alles gut durch.

Jetzt noch den Glasnudelsalat auf Tellern verteilen, den fein gehackten Koriander darüberstreuen und servieren. Ein toller Salat, der immer gelingt und vorzüglich schmeckt!

1

2

Rote-Bete-Salat mit Gorgonzola-Creme

Rote Bete

Gorgonzola

Weißbrot

Rote-Bete-Salat mit Gorgonzola-Creme

Zubereitungszeit: 1 Stunde 10 Minuten

Zutaten für 4 Portionen

Für den Rote-Bete-Salat

800 g kleine Rote Bete
(mit Blättern)
5 EL Rotweinessig
1 EL Zucker
1 TL Salz
2 EL Olivenöl

Für die Gorgonzola-Creme

50 g Gorgonzola
100 g Crème fraîche
Pfeffer

Für das Brot

200 g Weißbrot

Zubereitung

Den Backofen auf 180 Grad vorheizen.

Rote Bete waschen, Stiele und Blätter abschnei-den, die Blätter beiseitelegen. Die Rote Bete mit Rotweinessig, Zucker, Salz, Olivenöl und 300 ml Wasser in einen Bräter geben. Ein Blatt Backpapier zurechtschneiden und die Rote Bete damit bedecken.

Etwa 40 Minuten in den Ofen geben.* Dann die Rote-Bete-Blätter zugeben und noch einmal 10 Minuten schmoren. Herausnehmen und etwas abkühlen lassen – die Haut lässt sich nun ganz einfach mit den Händen abreiben. Die Rote Bete halbieren und zurück in den Bräter geben.

Inzwischen den Gorgonzola** in einer Schüssel mit einer Gabel zerdrücken und mit Crème fraîche verrühren. Mit etwas Pfeffer abschmecken.

Tipps

* Ob die Rote Bete weich ist, können Sie gut überprüfen, indem Sie ein kleines Messer hineinstechen. Und: Tragen Sie am besten Gummihand-schuhe beim Enthäuten – so vermeiden Sie rote Hände durchs Abfärben der Knollen.

** Ich weiß, Gorgonzola ist nicht jedermanns Sache. Alternativ verleiht sehr fein geriebener Bergkäse diesem Salat eine feine Würze.

1

2

Weißbrot mit einem scharfen Brotmesser in sehr dünne Scheiben schneiden. Diese auf ein mit Backpapier ausgelegtes Backblech geben und im Ofen 10 Minuten goldbraun rösten.

Anrichten

Verteilen Sie die Rote Bete und einige Blätter auf Tellern und nappieren sie mit etwas Schmorsud. Das krosse Brot in Stücke brechen und darauf anrichten und zum Schluss mit einem kleinen Löffel die Gorgonzalacreme dekorieren.

Chilischoten
Spitzkohl
Erdnüsse

Spitzkohlsalat

Spitzkohlsalat
Zubereitungszeit: 40 Minuten

Zutaten für 4 Portionen

Für den Spitzkohlsalat

4 Chilischoten
3 Knoblauchzehen
100 ml Reisessig
120 g Zucker
1 TL Salz
1 Spitzkohl (ca. 1 kg)

Für die Frühlingsrollenkörbchen

1 l Sonnenblumenöl
(zum Frittieren)
8 Frühlingsrollenblätter

80 g gesalzene Erdnüsse
(zum Garnieren)

Zubereitung

Für die Sweet-Chili-Soße die Chilischoten halbieren, entkernen, waschen, trocken tupfen und würfeln. Knoblauchzehen schälen und ebenfalls würfeln. Beides zusammen mit 100 ml Wasser, Reisessig, Zucker und Salz auf zwei Drittel einkochen lassen.

Inzwischen den Spitzkohl waschen, vierteln und den Strunk herausschneiden. Den Kohl in dünne Streifen schneiden und mit den Händen gut durchkneten. Mit der Hälfte der Sweet-Chili-Soße marinieren und gut vermischen.

Sonnenblumenöl in einem Topf auf 180 Grad erhitzen. Nacheinander jeweils ein Frühlings-rollenblatt zwischen zwei Schöpfkellen legen. Diese dann in das heiße Fett tauchen und ca. 15 Sekunden frittieren.*

Tipps

* Beim Frittieren kommt es auf die richtige Temperatur an: Ist das Öl noch zu kalt, saugt sich der Frühlings-rollenteig mit Fett voll und wird nicht knusprig.

** Geben Sie den Salat erst kurz vor dem Servieren in die Frühlingsrollenkörbchen, dann knuspert es noch richtig beim Essen.

Die Frühlingsrollenkörbchen aus den Kellen lösen und auf Küchenpapier abtropfen lassen.

Anrichten

Füllen Sie den Spitzkohlsalat in die Frühlingsrollenkörbchen.** Die Erdnüsse grob hacken und über dem Salat verteilen. Die restliche Sweet-Chili-Soße separat in kleinen Gläsern servieren.

1

2

Karamellisierter Radicchio Trevisano mit Wildschweinschinken

Trauben
Radicchio Trevisano
Walnüsse

Karamellisierter Radicchio Trevisano mit Wildschweinschinken

Zubereitungszeit: 30 Minuten

Zutaten für 4 Portionen

4 Radicchio Trevisano
3 EL Olivenöl
2 EL Puderzucker
1 EL Butter
5 EL dunkler Balsamico-Essig
Salz
Pfeffer

je **50 g** grüne und
blaue Trauben
3 EL Walnüsse
12 Scheiben
Wildschweinschinken

Zubereitung

Radicchio Trevisano halbieren und 10 Minuten in warmes Wasser legen – so verliert er etwas von seinen Bitterstoffen. Abtropfen lassen und mit Küchenpapier abtupfen.

Inzwischen das Olivenöl in einer Pfanne erhitzen und den Radicchio Trevisano von beiden Seiten je 1 Minute anbraten. Puderzucker* hinzufügen und karamellisieren lassen, dann den Karamell mit Butter lösen. Mit Balsamico-Essig ablöschen und etwas reduzieren. Mit Salz und Pfeffer würzen.

Tipp

* Mit Puderzucker nimmt das Karamellisieren weniger Zeit in Anspruch und der Salat behält seinen Biss. Allerdings sollte der Zucker nicht zu dunkel werden, da er sonst schnell bitter schmeckt. Kein Puderzucker im Haus? Dann ist brauner Zucker eine hervorragende Alternative.

Anrichten

Radicchio Trevisano auf Tellern anrichten, entkernte Traubenhälften und grob gehackte Walnüsse darauf verteilen. Den Wildschweinschinken etwas einrollen und dekorativ anlegen. Zuletzt etwas Sud über den Salat geben.

Feldsalat mit Preiselbeer-vinaigrette und gebackenem Camembert

Feldsalat
Birnen
Portwein

1

2

3

4

Feldsalat mit Preiselbeervinaigrette und gebackenem Camembert

Zubereitungszeit: 45 Minuten

Zutaten für 4 Portionen

Für den Salat
150 g Feldsalat
4 Birnen
300 ml Portwein
2 EL Zucker

Für den Camembert
100 g Weizenmehl
100 g Pankow
2 Eier
4 Camemberts
100 ml Sonnenblumenöl (zum Ausbacken)

Für die Vinaigrette
3 EL Preiselbeermarmelade
3 EL Rotweinessig
2 EL Gemüsebrühe
4 EL Haselnussöl
Salz
Pfeffer

einige Preiselbeeren (zum Garnieren)

Zubereitung

Feldsalat waschen und die kleinen Wurzeln am Ende entfernen. In eine Salatschleuder geben und trocken schleudern. Die Birnen schälen und kleine Kugeln ausstechen.

Den Portwein mit Zucker aufkochen und etwas reduzieren. Birnenkugeln hinzufügen und ca. 10 Minuten leicht köcheln lassen. Danach vom Herd nehmen und ziehen lassen, bis die Birnen Farbe angenommen haben.

Den Backofen auf 160 Grad vorheizen.

Mehl und Pankow* jeweils auf einen Teller geben, Eier in eine Schüssel schlagen und verquirlen. Die Camemberts erst rundherum im Mehl wenden, überschüssiges Mehl abklopfen. Durch das Ei ziehen, etwas abtropfen lassen, dann im Pankow wenden und etwas andrücken.

Das Sonnenblumenöl in einer Pfanne erhitzen und die Camemberts von jeder Seite 2 Minuten goldbraun ausbacken. Dann auf ein mit Backpapier ausgelegtes Backblech geben und 10 Minuten im Ofen backen.

Für die Vinaigrette Preiselbeermarmelade**, Rotweinessig, Gemüsebrühe, Haselnussöl, Salz und Pfeffer in ein Schraubdeckelglas geben und kräftig schütteln.

Tipps

* Pankow ist ein Paniermehl, das Sie bevorzugt im asiatischen Lebensmittelladen bekommen. Es sorgt dafür, dass die Panade noch knuspriger wird – übrigens auch bei Schnitzeln.

** Marmelade in der Vinaigrette ist für manche sicher etwas befremdlich. Aber Ausprobieren lohnt sich, denn sie schlägt eine wunderbare Brücke zur Säure des Essigs und bringt eine fruchtige Nuance in das Dressing.

Anrichten

Feldsalat auf Tellern verteilen und die Portwein-Birnen-Kugeln in gleichmäßigen Abständen rundherum platzieren. Die Camemberts mit einem scharfen Messer halbieren und anlegen. Die Preiselbeervinaigrette über den Salat träufeln und mit Preiselbeeren garnieren.

Klassiker

Eine Augenweide, eine Gaumenfreude – ein Genuss

Fantasie und Kreativität sind beim Erfinden von Salaten wichtige Grundzutaten. Doch trotz der großen Vielfalt verschiedener Salat- und Gemüsesorten sind einige Kreationen über die Jahre zu echten Klassikern avanciert. Denn was wären Partys ohne Nudelsalat? Der Grillabend ohne den klassischen Kartoffelsalat? Und Insalata Caprese, Caesar Salad und Salade Niçoise sind in fast keinem Restaurant der Welt von der Menükarte wegzudenken.

reloaded

In diesem Kapitel treffen Sie auf beliebte alte Bekannte. Aber jedes einzelne Rezept ist aufregend anders und exquisit serviert: mal kunstvoll getürmt oder geschichtet, mal in gläsernem Gewand, mal mit einem knusprigen Brot verhüllt.

Sie werden sehen: Egal, ob als aufregender Zwischengang oder köstliche Hauptmahlzeit – mit diesen Salaten zaubern Sie das Flair von Sterneküche für Ihre Gäste herbei.

Cocktailtomaten
Büffelmozzarella
Basilikum

Insalata Caprese

1

2

3

4

Insalata Caprese

Zubereitungszeit: 20 Minuten + 20 Minuten Marinierzeit

Zutaten für 4 Portionen

500 g kleine Cocktailtomaten
300 g Mini-Büffelmozzarella
1 Bund kleinblättriges Basilikum
6 EL bestes Olivenöl
Fleur de Sel
Pfeffer

Zubereitung

Cocktailtomaten* waschen, trocken tupfen und nach Belieben den Strunk entfernen. Die Tomaten in gleichmäßige Scheiben schneiden. Mozzarella* gut abtropfen lassen und ebenfalls in gleich große Scheiben schneiden. Basilikum waschen, putzen und die Blätter abzupfen.

Einen großen Teller mit 5 EL Olivenöl* beträufeln und mit Fleur de Sel und Pfeffer bestreuen. Die Tomaten- und Mozzarellascheiben darauf verteilen und 20 Minuten marinieren.

Dann beides abwechselnd übereinanderschichten, jeweils einige Basilikumblätter dazwischenlegen und mit einem Tomatendeckel abschließen.

Anrichten

Fixieren Sie die Tomaten-Mozzarella-Türmchen mit Zahnstochern und platzieren Sie die kleinen Köstlichkeiten dann auf Tellern. Zum Schluss nochmals mit etwas Fleur de Sel und Pfeffer würzen, restliches Olivenöl darüberträufeln und mit den restlichen kleinen Basilikumblättern bestreuen. Ganz einfach, aber mehr als lecker!

Tipps

* Je einfacher ein Gericht ist, desto wichtiger sind die Zutaten. Verwenden Sie nur vollreife Tomaten und besten Mozzarella. Das Gleiche gilt natürlich für das Olivenöl.

Übrigens: Die in Deutschland verbreitete Angewohnheit, Balsamico-Essig über diesen Salat zu geben, ist in Italien verpönt, da dadurch der feine Geschmack des Mozzarellas nicht mehr zur Geltung kommt. Dafür lieber mehr als weniger Olivenöl verwenden!

Der Insalata Caprese wird meist mit frischem Baguette serviert. Das schmeckt besonders gut, wenn Sie es vorher mit etwas Olivenöl und gehacktem Knoblauch bestreichen und in einer Pfanne kurz anrösten.

Hähnchenbrüste
Römersalatherzen
Zitrone

Caesar Salad

Caesar Salad
Zubereitungszeit: 50 Minuten

Zutaten für 4 Portionen

Für den Salat

2 Römersalatherzen
8 Scheiben Toastbrot
2 Hähnchenbrüste
2 EL Sonnenblumenöl
(zum Braten)
Salz
Pfeffer

Für die Parmesankräcker

50 g Parmesan

Für die Mayonnaise

1 Eigelb
½ EL mittelscharfer Senf
150 ml Sonnenblumenöl
1 Knoblauchzehe
Saft von **1** Zitrone
Salz
Pfeffer

4 Sardellen (zum Garnieren)

Zubereitung

Den Backofen auf 180 Grad vorheizen.

Den Römersalat in einzelne Blätter teilen, waschen und in einer Salatschleuder trocken schleudern. In mundgerechte Stücke zupfen und zur Seite legen.

Die Toastbrotscheiben entrinden und einmal halbieren. Die Scheiben auf ein mit Backpapier ausgelegtes Backblech geben und 15 Minuten im Ofen goldbraun rösten.

In der Zwischenzeit die Hähnchenbrüste abbrausen, trocken tupfen und in große Würfel schneiden. Eine Pfanne mit Sonnenblumenöl erhitzen, darin die Hähnchenwürfel rundherum ca. 3 Minuten anbraten. Mit Salz und Pfeffer würzen und auf einen Teller geben.

Den Parmesan fein reiben. Ein Backblech mit Backpapier belegen, einen Ausstechring (Ø 4 cm) darauf platzieren und mit Parmesan ausstreuen. Parmesan etwas andrücken. So verfahren, bis der Parmesan aufgebraucht ist. 10 Minuten in den Ofen geben und zu krossen Kräckern backen. Herausnehmen, den Backofen ausschalten und die Hähnchenwürfel zum Warmhalten in den Ofen stellen.

Tipp

Ob als Vorspeise oder Hauptgericht: Dieser Salatklassiker rundet den gemütlichen Grillabend mit Freunden perfekt ab oder ist ein kulinarisches Glanzlicht auf dem Fingerfood-Buffet.

Das Eigelb und den Senf in eine Schüssel geben und vermischen – am besten mit einem Rührgerät. Sonnenblumenöl in einem dünnen Strahl langsam einfließen lassen. Hat die Mayonnaise gebunden, kann das Öl etwas schneller zugegeben werden.

Knoblauchzehe schälen und sehr fein hacken. Mit dem Zitronensaft unter die Mayonnaise rühren und mit Salz und Pfeffer abschmecken.

Anrichten

Geben Sie auf die krossen Toasts jeweils einige Salatblätter. Nehmen Sie die Hähnchenwürfel aus dem Ofen und fixieren sie mit einem Holzspieß auf den Toasts. Jetzt noch die Sardellen in kleine Stücke schneiden und auf den Toasts verteilen, jeweils einen Parmesankräcker anlegen und mit der Mayonnaise beträufeln.

Waldorfsalat

Zitrone
Cranberrys
Äpfel
Walnüsse

Waldorfsalat
Zubereitungszeit: 50 Minuten

Zutaten für 4 Portionen

1 Sellerieknolle (ca. 1 kg)

Salz

1 Eigelb

1 TL Senf

425 ml Sonnenblumenöl

Saft von ½ Zitrone

Pfeffer

100 ml Sahne

50 g getrocknete Cranberrys

2 Äpfel
(zum Garnieren; z. B. Granny Smith)

100 g Walnüsse
(zum Garnieren)

Zubereitung

Den **Sellerie** schälen, halbieren, erst in sehr dünne Scheiben hobeln, diese dann in sehr dünne Streifen schneiden. 100 g davon beiseitelegen. Den Rest in eine Schüssel geben und **salzen.**

Eigelb und **Senf** mit einem Rührgerät mischen. 125 ml **Sonnenblumenöl** in einem dünnen Strahl langsam einfließen lassen. Hat die Mayonnaise gebunden, kann das Öl etwas schneller zugegeben werden. **Zitronensaft** unterrühren. Mit **Salz** und **Pfeffer** abschmecken.*

Die **Sahne** mit dem Rührgerät steif schlagen und unter die Mayonnaise heben. Die **Cranberrys**** hacken, zusammen mit der luftigen Mayonnaise zum gesalzenen Sellerie geben und vermischen.

Das restliche **Sonnenblumenöl** in einem kleinen Topf auf 170 Grad erhitzen. Darin den zurück-

Tipps

* Soll der Salat etwas fettärmer sein, ersetzen Sie einen Teil der Mayonnaise einfach durch Joghurt.

** Probieren Sie den Salat auch mit anderen getrockneten Früchten, beispielsweise Aprikosen.

*** Obwohl sie ursprünglich nicht vorgesehen waren, gehören für die meisten Menschen inzwischen Walnüsse in den Waldorfsalat. Häufig gibt es ihn zudem mit Ananas oder Hähnchenbrust.

1

2

3

gelegten Sellerie goldbraun frittieren, anschließend mit einer Schaumkelle herausnehmen und
auf Küchenpapier abtropfen lassen.

Anrichten

Lassen Sie den marinierten Sellerie etwas abtropfen, geben einen Teil dann mithilfe eines Löffels
in einen Ausstechring (Ø 8 cm), drücken ihn leicht
an und ziehen den Ring wieder vorsichtig ab.

Richten Sie pro Portion nun hauchdünn gehobelte
Apfelscheiben und den frittierten Sellerie auf
jeder Scheibe an und verteilen fein gehackte
Walnüsse*** um die Sellerie-Apfel-Törtchen.

Bunter Kartoffelsalat

blaue Kartoffeln
Schnittlauch-Knoblauch-Blüten

Bunter Kartoffelsalat

Zubereitungszeit: 1 Stunde 20 Minuten

Zutaten für 4 Portionen

500 g blaue Kartoffeln

500 g vorwiegend festkochende Kartoffeln

Salz

2 Schalotten

200 ml Gemüsebrühe

1 EL mittelscharfer Senf

6 EL Weißweinessig

4 EL Traubenkernöl

150 g Crème double
(zum Garnieren)

1 kleines Bund Schnittlauch
(zum Garnieren)

einige Schnittlauch-Knoblauch-Blüten
(zum Garnieren)

Zubereitung

Die Kartoffelsorten getrennt voneinander in Salzwasser ca. 30 Minuten abgedeckt weich kochen. Abgießen und 10 Minuten abkühlen lassen. Mit einem kleinen Messer schälen, würfeln und jeweils in eine Schüssel geben.

Schalotten schälen und fein würfeln. Gemüsebrühe aufkochen, Schalotten zugeben und den Topf vom Herd ziehen. Senf und Weißweinessig einrühren. Die noch warmen Kartoffeln sofort mit jeweils der Hälfte der Salatsoße begießen und ca. 10 Minuten marinieren. Je 2 EL Traubenkernöl zugeben und vorsichtig unterrühren.

Tipp

Eine ideale Ergänzung ist etwas gewürfelte geräucherte Forelle gemischt mit kleinen Essiggurken. Für geschmackliche Abwechslung sorgen zudem andere Gewürze. Also experimentieren Sie ruhig immer wieder!

1

2

3

Anrichten

Die zweierlei Kartoffeln mithilfe eines Garnier-rings aufeinanderschichten und leicht andrücken, den Ring vorsichtig abheben. Jeweils ein wenig Crème double daraufgeben und verstreichen.

Mit Schnittlauchröllchen und 8 ganzen Halmen garnieren, etwas Kartoffelsud darum verteilen und abschließend mit Schnittlauch-Knoblauch-Blüten dekorieren.

Salade Niçoise

Kopfsalat
Thunfischsteaks
Tomaten
Buschbohnen

Salade Niçoise

Zubereitungszeit: 1 Stunde

Zutaten für 4 Portionen

1 Kopfsalat
3 Tomaten
4 Wachteleier
250 g Buschbohnen
Salz
4 festkochende Kartoffeln
2 EL Olivenöl (zum Braten)

Für die Vinaigrette
80 g Kalamata-Oliven
1 Knoblauchzehe
4 EL Weißweinessig
2 TL scharfer Senf
1 TL Sardellenpaste
7 EL Olivenöl

Für den Thunfisch
4 Thunfischsteaks (à 160 g)
Salz
Pfeffer
2 EL Olivenöl

Zubereitung

Den Kopfsalat in einzelne Blätter teilen, diese in mundgerechte Stücke schneiden, waschen und trocken schleudern.

Von den Tomaten mit einem kleinen Messer das Grüne herausschneiden und die Tomaten auf der Unterseite über Kreuz einritzen. In kochendem Wasser 15–20 Sekunden blanchieren, herausnehmen und kalt abschrecken. Tomaten schälen, vierteln und entkernen. Das Fruchtfleisch in Viertel schneiden, die Viertel nochmals quer teilen.

Wachteleier 2–3 Minuten kochen, herausnehmen und abschrecken. Die Buschbohnen waschen, die Enden abschneiden und – falls vorhanden – die Fäden abziehen. Bohnen in gut gesalzenem Wasser 8 Minuten kochen, unter kaltem Wasser abschrecken und abtropfen lassen.

Den Backofen auf 120 Grad vorheizen.

Kartoffeln schälen und in 1–2 cm dicke Würfel schneiden. Mit Olivenöl in einer Pfanne langsam goldbraun braten. Auf Küchenpapier geben, abtropfen lassen und im Ofen warm halten.

Tipp

* Wenn es ganz schnell gehen soll, ist hier der Griff zur Thunfischdose erlaubt. Oder ersetzen Sie doch mal die Thunfischsteaks durch Wolfsbarsch oder Heilbutt – im Handumdrehen kreieren Sie so eine neue Variation.

1

2

Oliven entsteinen und klein schneiden. Knoblauchzehe schälen und fein hacken. Beides mit Weißweinessig, Senf, Sardellenpaste und Olivenöl in ein Schraubdeckelglas füllen und kräftig schütteln.

Die Thunfischsteaks* mit Salz und Pfeffer würzen und mit Olivenöl von jeder Seite ca. 30 Sekunden scharf anbraten.

Anrichten

Die Buschbohnen der Länge nach halbieren und nebeneinander in die Mitte der Teller legen. Wachteleier schälen und halbieren, mit Tomatenecken, Kartoffelwürfeln und Kopfsalat auf den Tellern verteilen. Das Thunfischsteak auf die Bohnen legen und den kompletten Salat mit der Vinaigrette beträufeln.

Wurstsalat

Fleischwurst
Gouda
Essiggurken

Wurstsalat
Zubereitungszeit: 50 Minuten

Zutaten für 4 Portionen

400 g Graubrot
4 rote Zwiebeln
5 EL Weißweinessig
Salz
Pfeffer
500 g Fleischwurst
250 g mittelalter Gouda
100 g Essiggurken
4 EL Sonnenblumenöl
50 ml Gurkenwasser

1 Bund Petersilie

Zubereitung

Den Backofen auf 180 Grad vorheizen.

Graubrot in ca. 2 cm dicke Scheiben schneiden und würfeln. Auf ein mit Backpapier ausgelegtes Backblech geben und 20 Minuten goldbraun rösten. Dabei mehrmals wenden.

Inzwischen die Zwiebeln schälen, halbieren und in dünne Scheiben schneiden. Zusammen mit 2 EL Weißweinessig, Salz und Pfeffer mit den Händen ca. 2–3 Minuten gut durchkneten. So verlieren die Zwiebeln etwas Schärfe und werden milder. 20 Minuten stehen lassen und danach den entstandenen Sud abgießen.

Währenddessen Fleischwurst und Gouda in Streifen und Gurken in Scheiben schneiden.

Tipp

Geben Sie dem Wurstsalat Zeit, sich zu entfalten! Er schmeckt einfach besser, wenn er 1–2 Stunden vor dem Verzehr oder sogar schon morgens zubereitet wird. Vor dem Servieren geben Sie nur noch frisch die Petersilie dazu.

Für die Salatsoße den restlichen Weißweinessig
mit Sonnenblumenöl, Gurkenwasser, Salz und
Pfeffer in einem Schraubdeckelglas mischen und
kräftig schütteln.

Anrichten

Fleischwurst und Käse in eine Schüssel geben
und mit der Salatsoße marinieren. Fein gehackte
Petersilie untermischen und auf Tellern anrichten.
Graubrot-Croûtons auf dem Wurstsalat verteilen
und die marinierten Zwiebeln daraufsetzen.

1

2

Griechischer Salat in der Pita

Tomaten
Feta
Kalamata-Oliven
Salatgurke

Griechischer Salat in der Pita

Zubereitungszeit: 1 Stunde + 1 Stunde 45 Minuten Teigruhe

Zutaten für 4 Portionen

Für das Pitabrot

500 g Weizenmehl (Type 550)
und **etwas** Weizenmehl zum Bestäuben
1 TL Trockenhefe
2 TL Honig
1 TL Salz
3 EL Olivenöl

Für den Salat

4 Tomaten
1 Salatgurke
1 Lollo bianco
2 rote Zwiebeln
300 g Feta
80 g Kalamata-Oliven
Salz
Pfeffer

Für die Vinaigrette

5 EL Olivenöl
3 EL Weißweinessig
2 TL mittelscharfer Senf
1 TL Zucker

Zubereitung

Für das Pitabrot Mehl in eine Schüssel geben. Trockenhefe in 300 ml lauwarmem Wasser verrühren. Mit den Händen eine Mulde in das Mehl formen. Hefewasser in die Mulde geben und so viel Mehl vom Rand unterrühren, bis ein sämiger Vorteig entstanden ist. Diesen mit Frischhaltefolie zudecken und ca. 20 Minuten gehen lassen. Dann restliche Zutaten zugeben und alles 5 Minuten zu einem geschmeidigen Teig verkneten. Wieder abdecken und 1 Stunde gehen lassen.

Den Backofen auf 180 Grad vorheizen. Ein Backblech im Ofen belassen.

Den Teig erneut kurz durchkneten und in 6 gleich schwere Stücke teilen. Mit den Händen rund formen und abgedeckt weitere 5 Minuten ruhen lassen. Danach mit etwas Mehl bestäuben und zu Fladen von ca. 15 cm Durchmesser ausrollen. Diese nochmals abdecken und ein letztes Mal 15 Minuten gehen lassen. Dann in den heißen Ofen geben und 25 Minuten goldbraun backen.

Herausnehmen und in ein Küchentuch gewickelt abkühlen lassen. So können die Pitabrote nicht austrocknen und man kann sie wunderbar füllen.

Tipp

Wer möchte, kann den griechischen Salat geschmacklich mit ein wenig Peperoni und gebratenen Hähnchenbruststreifen aufwerten.

Inzwischen Tomaten waschen, trocken tupfen, Stielansatz entfernen und Tomaten in Scheiben schneiden. Die Gurke ebenfalls waschen, trocken tupfen und in Scheiben schneiden. Lollo bianco in mundgerechte Stücke zupfen, waschen und trocken schleudern. Zwiebeln schälen, halbieren und in Scheiben schneiden. Den Feta in Stücke brechen und die Oliven entsteinen. Alles in eine Schüssel geben und mit Salz und Pfeffer würzen.

Olivenöl, Weißweinessig, Senf und Zucker in ein Schraubdeckelglas geben, kräftig schütteln und über dem Salat verteilen.

Anrichten

Pitabrote mit einem Messer von einer Seite etwas abschneiden. Mit den Händen etwas zusammen-drücken, sodass sie sich leichter füllen lassen. Den Salat mit einer Küchenzange einfüllen und etwas andrücken, damit nichts herausfallen kann – und sofort genießen.

1

2

3

Zucchini
Paprikaschote
Zitrone
Tomatenfilets

Nudelsalat

Nudelsalat
Zubereitungszeit: 50 Minuten

Zutaten für 4 Portionen

200 ml Olivenöl
7 Zweige Rosmarin
1 gelbe Paprikaschote
1 rote Paprikaschote
1 Zucchini
250 g Muschel-Nudeln
Salz
7 getrocknete Tomatenfilets
Saft von **1** Zitrone
Pfeffer
100 ml Sonnenblumenöl
(zum Frittieren)

Zubereitung

Olivenöl in einem Topf auf 40–50 Grad erhitzen. 4 Rosmarinzweige zugeben, Herd ausschalten und 30 Minuten ziehen lassen.

Inzwischen die Paprikaschoten vierteln, Samen und Scheidewände entfernen, Früchte waschen und in kleine Würfel schneiden. Zucchini waschen, trocken tupfen, den Strunk entfernen und die Zucchini fein würfeln.

Das Gemüse mit 5 EL vom Rosmarinöl* bei mittlerer Hitze in einer Pfanne in 8 Minuten unter Rühren anschwitzen.

Inzwischen Muschel-Nudeln in reichlich Salzwasser al dente kochen, in einem Sieb abgießen und sofort mit dem Gemüse vermischen.

Tipp

* Das Rosmarinöl hält sich an einem kühlen, dunklen Ort gut eine Woche. Dazu die Zweige entfernen und Öl in eine kleine Flasche füllen. Das Öl schmeckt auch zu einem Tomatensalat oder auf frischem Ciabatta.

Übrigens: Selbst aromatisierte Öle sind ein wunderbares Mitbringsel für viele Anlässe.

Tomatenfilets fein würfeln und mit Zitronensaft, etwas Salz und Pfeffer sowie 3 EL vom Rosmarinöl unter den Nudelsalat mischen.

Das Sonnenblumenöl in einem kleinen Topf auf 170 Grad erhitzen und darin die restlichen Rosmarinzweige 15 Sekunden frittieren. Auf Küchenpapier abtropfen lassen.

Anrichten

Füllen Sie den Nudelsalat in Glasschälchen und verzieren Sie jede Portion mit etwas frittiertem Rosmarin, den Sie einfach darüberbröseln.

Vinaigrettes und Dressings

Perfekte Begleiter

Sie würzen, runden ab, bringen den Salat zur Entfaltung und sind für viele die Krönung des Salats: Vinaigrettes und Dressings. Das englische Wort „Dressing" deutet dabei bereits auf die doppelte Bestimmung hin: Denn sie umhüllen eben nicht nur und verleihen Blättern und Gemüse einen besonderen Geschmack, sondern setzen sie auf Tellern oder in Schüsseln dekorativ in Szene.

Salatsoßen werden in zwei Gruppen unterteilt: die klare Vinaigrette aus Essig, Öl und Gewürzen und das eher milchige Dressing auf Joghurt- oder Mayonnaisebasis. Von beiden gibt es unzählige raffinierte Variationen, sodass Sie selbst alltägliche Blattsalate aufpeppen und immer wieder neu abwandeln können.

Basis-Vinaigrette

Zutaten für 4 Portionen *Zubereitungszeit: 10 Minuten*

3 EL weißer Balsamico-Essig
2 TL Senf
1 TL Honig
1 Schalotte

6 EL Traubenkernöl
Salz
Pfeffer

Zubereitung

Den Essig mit Senf und Honig verrühren. Die Schalotte schälen und fein würfeln. Zusammen mit dem Traubenkernöl untermischen und mit Salz und Pfeffer würzen.

Tipp

Knackig-frische Salate verdienen feine Vinaigrettes. Und davon gibt es wirklich unzählige Varianten. Das Grundrezept können Sie nach Belieben mit Zutaten wie Kapern, Speck, Paprika, Sellerie und Kräutern verfeinern. Einige Köche bereiten sie auch mit Zitrone zu, andere wiederum verleihen ihr mit Himbeeressig eine feine Süße. Auch Walnussöl ist sehr beliebt – das empfiehlt sich besonders für Feldsalat. Verwenden Sie bei Sommersalaten milden Essig und ein möglichst neutrales Öl oder feines Olivenöl, bei Wintersalaten Nuss- oder Kürbiskernöl.

Bei grünem Salat sollten Sie das Dressing erst kurz vor dem Servieren dazugeben, da die zarten Blätter sonst einfallen und unappetitlich aussehen. Salate aus Reis, Nudeln oder Kartoffeln sollten Sie dagegen etwas ruhen lassen, damit sich der Geschmack des Dressings voll entfalten kann.

Basis-Vinaigrette

Thousand Island Dressing

Thousand Island Dressing

Zutaten für 4 Portionen *Zubereitungszeit: 20 Minuten*

2 Eigelb
2 TL scharfer Senf
250 ml gutes Sonnenblumenöl
3 EL Zitronensaft
3 EL Tomatenketchup
1 TL scharfes Paprikapulver

2 Msp. Cayennepfeffer
1 Schalotte
½ grüne Paprikaschote
½ rote Paprikaschote
Salz
Pfeffer

Zubereitung

Die Eigelbe in eine Schüssel geben und mit dem Senf verrühren. Sonnenblumenöl in einem dünnen Strahl langsam zugeben und mit dem Schneebesen verrühren. Hat die Mayonnaise gebunden, kann das Öl etwas schneller zugegeben werden.

Nun Zitronensaft, Tomatenketchup, Paprikapulver sowie Cayennepfeffer zugeben und verrühren.

Schalotte schälen und in feine Würfel schneiden. Paprika-schoten vierteln, Samen und Scheidewände entfernen, Früchte waschen, fein würfeln und zusammen zur Soße geben. Mit Salz und etwas Pfeffer abschmecken.

Tipp

Wenn Ihnen das Dressing zu dick ist, können Sie es mit etwas Gemüsebrühe verdünnen.

Eine schnelle Abwandlung: Nehmen Sie statt Paprika 1 EL scharfen Senf und 2 TL Senfpulver – schon haben Sie ein leckeres Senfdressing. 1–2 EL Honig runden den Geschmack wunderbar ab.

Insel-Dressing

Insel-Dressing

Zutaten für 4 Portionen *Zubereitungszeit: 15 Minuten*

3 EL saure Sahne	**½ Bund** Schnittlauch
70 g Sahne	**½ Bund** Dill
1 Schalotte	Salz
½ Knoblauchzehe	Pfeffer
1 EL Olivenöl	Zucker
3–4 EL weißer Balsamico-Essig	

Zubereitung

Saure Sahne und Sahne miteinander in einer Schüssel verrühren. Schalotte und Knoblauchzehe* schälen, beides fein würfeln. Mit Olivenöl und Balsamico-Essig in die Schüssel geben. Zuletzt Schnittlauch und Dill waschen, trocken schütteln, fein schneiden und unterrühren. Mit Salz, Pfeffer und Zucker würzen.

Tipp

* Ihnen ist der Zwiebel- und Knoblauchgeschmack zu dominant? Geben Sie einfach die feinen Würfel in ein Sieb und tauchen Sie es 10 Sekunden in kochendes Wasser. Der Geschmack ist dann immer noch da, aber eben etwas milder.

Brot, Brötchen und Croûtons

Mmmh, das duftet ...

Schon einen Brotteig zu kneten ist ein sinnliches Erlebnis: zu spüren, wie die Zutaten miteinander verschmelzen, und zu riechen, wie sich dabei verführerische Gerüche vollmundig entfalten. Wenn bald darauf der typische Backduft den Raum erfüllt, kann man ihn schon gar nicht mehr erwarten, den ersten Biss in eine Scheibe frisch gebackenes Brot. Und dann endlich ist er da, dieser kleine Augenblick perfekten Glücks ...

In diesem Kapitel habe ich für Sie leckere Ideen für Brot, Brötchen und Croûtons zusammengestellt, mal klassisch und pur, mal exquisit verfeinert mit Salbei, Rosmarin oder Walnüssen. Verwöhnen Sie Ihre Gäste mit diesen Gaumenschmeichlern. Und vor allem: Spielen Sie immer wieder mit neuen Aromen!

Kleine Mohnbrötchen

Kleine Mohnbrötchen

Zubereitungszeit: 40 Minuten + ca. 1 Stunde Teigruhe + 20–25 Minuten Backzeit

Zutaten für 16 Stück

170 g Dinkelmehl (Type 630)
280 g Weizenmehl (Type 550) und
etwas für die Schüssel
und die Arbeitsfläche
35 g frische Hefe
50 g weiche Butter
1 EL Honig
1 TL Salz
5 EL Mohn

Zubereitung

Beide **Mehlsorten** in eine Schüssel geben. Mit den Händen eine Mulde formen, die **Hefe** hineinbröseln und mit 100 ml lauwarmem Wasser verrühren. Etwas Mehl vom Rand unterrühren und zugedeckt 15 Minuten bei Zimmertemperatur gehen lassen.

Danach 150 ml lauwarmes Wasser, **Butter, Honig** und **Salz** untermischen. Alles mehrere Minuten zu einem geschmeidigen Teig verkneten. Die Schüssel mit etwas **Mehl** bestäuben, den Teig hineingeben und zugedeckt nochmals 40 Minuten gehen lassen. Das Volumen des Teigs sollte sich nun verdoppelt haben. Anschließend den Teig auf die **bemehlte** Arbeitsfläche geben, mit den Händen etwas flach drücken und mit einer Teigkarte 50-g-Portionen abstechen.

Den Backofen auf 220 Grad vorheizen und ein Gefäß mit Wasser in den Ofen stellen. Die Oberfläche der Brötchen mit etwas Wasser bepinseln. **Mohn*** auf einen Teller geben, die bepinselten Brötchen darin wälzen. Auf ein Backblech mit Backpapier geben. Wieder 10 Minuten abgedeckt gehen lassen. Im Ofen 20–25 Minuten goldbraun backen.

Tipp: * Auch andere Toppings wie Sesam oder gehackte Nüsse sind natürlich möglich. Selbst den Teig können Sie mit verschiedenen Gewürzen verfeinern – versuchen Sie mal Kreuzkümmel oder Chiliflocken!

1

2

Ciabatta

Zubereitungszeit: ca. 40 Minuten + 6 Stunden Teigruhe + 20–25 Minuten Backzeit

Zutaten für 2 Stück

750 g Weizenmehl (Type 405) und
reichlich für die Arbeitsfläche
50 g frische Hefe
17 g Salz
140 g Olivenöl
10 g Zucker

Zubereitung

500 ml lauwarmes Wasser mit 500 g Mehl und Hefe in einer Schüssel mithilfe eines Kochlöffels zu einem Teig verrühren. Mit Frischhaltefolie abdecken und 4 Stunden bei Zimmertemperatur gehen lassen. Danach das restliche Mehl, Salz, Olivenöl und Zucker einarbeiten und weitere 2 Stunden abgedeckt gehen lassen. Anschließend den Teig nochmals kurz durchkneten.

Den Backofen auf 220 Grad vorheizen und ein Gefäß mit Wasser in den Ofen stellen.

Nun mit einer Teigkarte 700-g-Stücke abstechen. Jedes auf einer stark bemehlten Arbeitsfläche zu einem Rechteck flach drücken. Die kurzen Seiten zur Mitte falten, dann die Längsseiten übereinanderlegen und etwas andrücken.

Die Ciabatta-Brote mit etwas Abstand auf ein mit Backpapier ausgelegtes Backblech setzen und 10 Minuten backen. Das Wasser entfernen und das Brot weitere 15 Minuten goldbraun backen. Herausnehmen und abkühlen lassen.

Tipp: Der Klassiker unter den italienischen Broten schmeckt auch fantastisch, wenn er mit frischem Thymian oder ein paar Oliven verfeinert wird.

1

2

Rosmarin-Focaccia

Zubereitungszeit: 45 Minuten + 1 Stunde 15 Minuten Teigruhe + 25 Minuten Backzeit

Zutaten für 1 Blech

500 g Weizenmehl (Type 405)
1 TL Salz
21 g frische Hefe (½ Würfel)
8 EL Olivenöl
2 Zweige Rosmarin
1 TL Meersalz

Zubereitung

Mehl und Salz in einer Schüssel mischen. Mit den Händen eine Mulde formen, die Hefe hineinbröseln und mit 350 ml lauwarmem Wasser und etwas Mehl vom Rand verrühren. Mit Frischhaltefolie abgedeckt 15 Minuten gehen lassen. Anschließend in der Küchenmaschine ca. 5 Minuten zu einem geschmeidigen Teig kneten.

Ein Backblech mit 2 EL Olivenöl bestreichen, Teig daraufgeben, mit den Händen leicht auseinanderdrücken und mit etwas Öl vom Blechrand bepinseln. Mit Frischhaltefolie gut abdecken und 1 Stunde an einem warmen Ort gehen lassen. Den Backofen auf 200 Grad vorheizen.

Rosmarinzweige waschen, trocken schütteln, Blättchen abzupfen und klein hacken. Den Teig mit Rosmarin, restlichem Olivenöl und Meersalz bestreuen. Im Backofen auf der mittleren Schiene 25 Minuten backen. Herausnehmen und abkühlen lassen.

Tipp: Probieren Sie eine Variante mit Kartoffeln und Meersalz! Dazu festkochende Kartoffeln in dünne Scheiben schneiden und mit Meersalz und etwas Rosmarin 30 Minuten in einer Schüssel marinieren. Dann auf das Focaccia geben und backen. Oder belegen Sie das Focaccia mit kurz angebratenen Zucchinischeiben, die aber nicht zu dünn sein sollten, da sie sonst schnell im Ofen verbrennen.

A

B

C

D

E

Salbeitaler (A)

Zubereitungszeit: 15 Minuten

Zutaten für 4 Portionen

5 Scheiben Toastbrot
50 g Butter
2 Zweige Salbei
Salz

Zubereitung

Die Toastscheiben entrinden und mit einem Nudelholz zu dünnen Platten ausrollen. Mithilfe eines Ausstechrings (Ø 4 cm) Kreise ausstechen. Diese in einer beschichteten Pfanne ca. 5 Minuten anrösten, dabei mehrfach wenden. Nun die Butter zugeben und schmelzen lassen.

Salbei waschen, trocken schütteln, die Blätter abzupfen und auf die Taler legen. Alles nochmals ca. 3 Minuten rösten. Mit etwas Salz abschmecken.

Tipp

Die Salbeitaler passen super zum lauwarmen Steinpilz-Kürbis-Salat *(siehe Seiten 78-81).*

Walnussbrot-Croûtons (B)

Zubereitungszeit: 20 Minuten

Zutaten für 4 Portionen

5 Scheiben Walnussbrot

Zubereitung

Den Backofen auf 180 Grad vorheizen. Ein Backblech mit Backpapier belegen.

Die Brotscheiben in Würfel schneiden und auf das Backblech geben. Im Ofen 10 Minuten rösten und mit einem Pfannenwender einmal wenden. Danach weitere 5 Minuten im Ofen rösten. Herausnehmen und etwas abkühlen lassen.

Tipp

Diese Croûtons können mit in die Salatsoße gegeben werden.

Hauchdünnes Weißbrot (C)

Zubereitungszeit: 20 Minuten

Zutaten für 4 Portionen

1 kleines italienisches Weißbrot

Zubereitung

Den Backofen auf 180 Grad vorheizen.

Das Weißbrot mit einem Messer in hauchdünne Scheiben schneiden, auf ein mit Backpapier belegtes Backblech geben und 8–10 Minuten im vorgeheizten Ofen rösten. Auf dem Blech etwas auskühlen lassen.

Tipp

Servieren Sie das Brot zum geschichteten Tomatensalat *(siehe Seiten 40–43).*

Thymianbrösel (D)

Zubereitungszeit: 15 Minuten

Zutaten für 4 Portionen

4 Scheiben Weißbrot
4 Zweige Thymian
30 g Butter

Zubereitung

Das Weißbrot grob würfeln und in einem Blitz-hacker grob mixen. Eine beschichtete Pfanne erhitzen, die Brösel hineingeben und unter Schwenken ca. 5 Minuten leicht braun rösten.

Thymianzweige waschen, trocken schütteln, die Blättchen abzupfen und mit der Butter in die Pfanne geben. Weitere 2 Minuten unter Rühren rösten. Danach aus der Pfanne nehmen und auf einem Teller etwas abkühlen lassen.

Brezel-Rosmarin-Croûtons (E)

Zubereitungszeit: 10 Minuten

Zutaten für 4 Portionen

2 Brezeln
1 Zweig Rosmarin
30 g Butter

Zubereitung

Die Brezeln in ½–1 cm dünne Scheiben schneiden und in einer beschichteten Pfanne ca. 5 Minuten unter Schwenken rösten.

Rosmarin waschen, trocken schütteln, die Nadeln abstreifen und grob hacken. Mit der Butter in die Pfanne geben und die Butter zerlassen. Weitere 2 Minuten unter Rühren rösten.

Tipp

Diese Brezel-Rosmarin-Croûtons eignen sich wunderbar als Topping für eher deftige Salate.

Butter und Cremes

Raffiniert abgeschmeckt

Gutes, frisches Brot serviert mit einer außergewöhnlichen Butter- oder Crememischung ist der ideale Auftakt für ein perfektes Dinner. Natürlich können Sie die veredelten Varianten in jedem gut sortierten Supermarkt ganz einfach kaufen.

Aber wenn Sie es raffinierter mögen, sollten Sie Butter und Cremes selbst aromatisieren – mit grobkörnigem Salz, Tomaten, frischen Kräutern oder exotischen Gewürzen. Auch Zimt, Trüffeln oder ein Hauch Zitrone verleihen Butter und Cremes eine besondere Note. Und das Beste: Die Zubereitung geht leicht von der Hand. Probieren Sie es doch gleich mal aus!

Tomatenbutter mit Thymian

Tomatenbutter mit Thymian

Zutaten

200 g weiche Butter
10 getrocknete Tomatenfilets
(in Öl)
4 Zweige Thymian
Salz
Pfeffer

Zubereitung *Zubereitungszeit: 15 Minuten*

Die Butter mit einem Rührgerät schaumig und weiß schlagen. Die Tomatenfilets abtropfen lassen und fein würfeln. Thymian waschen, trocken schütteln, Blättchen abzupfen und mit den Tomatenwürfeln zur Butter geben. Gut verrühren. Mit etwas Salz und Pfeffer abschmecken. Schmeckt gut zu geröstetem Weißbrot.

Tipp: Lassen Sie die Butter vor dem Servieren immer Zimmertemperatur annehmen, dadurch schmeckt sie noch aromatischer.

Wildkräuterbutter

Zutaten

200 g weiche Butter
1 Bund Wildkräuter
(ca. 60–80 g; z. B. Bärlauch, wilder Schnittlauch, Borretsch)
1 Knoblauchzehe
1 Msp. Cayennepfeffer
Salz
Pfeffer

Zubereitung *Zubereitungszeit: 15 Minuten*

Die Butter mit einem Rührgerät schaumig und weiß schlagen. Die Wildkräuter unter kaltem Wasser abspülen, trocken schütteln, fein schneiden und zur Butter geben. Die Knoblauchzehe schälen und sehr fein hacken. Zusammen mit Cayennepfeffer, Salz und Pfeffer unter die Butter rühren.

Tipp: Schneiden Sie die Butter mit einem Wellenschneider in dekorative Stücke und richten Sie diese in einer Glasschale an.

Aioli

Zutaten

2 Eigelb
1 TL Senf
½ Döschen Safranpulver
250 ml Olivenöl
1–2 Knoblauchzehen
2 EL Zitronensaft
Salz
Pfeffer

Zubereitung *Zubereitungszeit: 15 Minuten*

Eigelbe* in eine Schüssel geben, mit Senf und Safran verrühren. Unter Rühren in einem dünnen Strahl das Olivenöl* langsam zugeben. Hat die Mayonnaise gebunden, kann das Öl schneller zugegeben werden.

Knoblauchzehen schälen, fein hacken und zusammen mit Zitronensaft zur Mayonnaise geben. Mit Salz und Pfeffer abschmecken.

Tipp: * Damit Ihnen die Aioli perfekt gelingt, achten Sie darauf, dass Eier und Öl Zimmertemperatur haben.

Wildkräuterbutter   Aioli

Gewusst wie ...

Damit beim Zubereiten nichts schiefgeht, hier noch einige allgemeine Hinweise:

- Sofern nicht anders angegeben, sind die Rezepte immer für 4 Portionen berechnet.

- Die Zeitangaben in den Rezepten sollen Ihnen helfen, den Arbeitsaufwand möglichst gut einzuschätzen.

- Schalten Sie den Backofen immer 10–20 Minuten vor dem tatsächlichen Gebrauch ein.

Wichtige Helfer in der Salatküche

Salate lassen sich zwar ohnehin schnell und einfach zubereiten – auf einige praktische Küchenhelfer sollten Sie trotzdem nicht verzichten, damit das Arbeiten in der Küche gut von der Hand geht:

- Salatschleuder
- Sieb zum Abtropfen
- Kleines Messer zum Reinigen von z. B. Feldsalat
- Scharfe Messer in verschiedenen Größen
- Hobel, um Gemüse zu schneiden
- Spiralschneider für dekorative Schnittformen
- Parisienne-Ausstecher
- Schäler
- Küchenpapier, um Salat länger frisch zu halten
- Schneebesen oder Schraubdeckelglas für die Zubereitung von Dressings
- Rührgerät zum Aufschlagen der Mayonnaise
- Garnierringe zum Anrichten

Frisches vom Markt

Bereits beim Einkauf stellen Sie die Weichen für einen erstklassigen Salat. Je frischer, desto besser, lautet hier die Devise. Verlassen Sie deshalb einfach mal vertrautes Supermarktterrain und bummeln stattdessen über den Wochenmarkt – Sie werden sehen: Allein die verschiedenen Formen, Farben und Düfte heimischer und exotischer Salate und Gemüse wecken nicht nur den Appetit, sondern auch die Neugier, immer mal wieder etwas Neues auszuprobieren.

Trauen Sie bei der Auswahl Ihrem gesunden Urteilsvermögen und nehmen Sie das, was am besten aussieht: Leuchtende Farben, knackige Blätter und eine helle Schnittfläche sind untrügliche Zeichen von Frische. Verzichten Sie möglichst auf Fertigmischungen aus dem Supermarkt: Abgesehen von Qualitätseinbußen bei Aussehen und Geschmack verpassen Sie jede Menge Spaß beim Experimentieren mit verschiedenen Sorten und Aromen.

Gründlich waschen und vorbereiten

Damit Salate in Schüsseln oder Tellern ihre knackig-frische Figur behalten, sollten sie erst kurz vor dem Verzehr zubereitet werden. Waschen Sie die Blätter vor der Verarbeitung gründlich in kaltem Wasser, aber bitte nie unter der Küchenbrause! Salat ist jung, zart und fein – behandeln Sie ihn auch so! Wird beispielsweise Feldsalat unter die Brause gehalten, werden seine Blätter schlapp und matschig.

Also: Salat immer in stehendem Wasser waschen! Dafür erst das Spülbecken mit Wasser füllen, dann die Blätter hineinfallen lassen, diese behutsam mit den Händen wenden und ruhig ein wenig im Wasser ruhen lassen, damit sich Sand und Schmutz absetzen können – aber nicht zu lange, sonst verliert der Salat seine Frische und wertvolle Vitamine.

Heben Sie die Salatblätter nach dem Waschen vorsichtig in einen Durchschlag, um sie abtropfen zu lassen. Wenn Sie nach dem ersten „Waschgang" viel Dreck auf dem Boden des Spülbeckens sehen, empfiehlt es sich, diese Prozedur mehrmals zu wiederholen. Das wird besonders bei Feldsalat der Fall sein, da der oft auf Sand wächst und auch mit jeder Menge Sand zwischen den Blättern geerntet wird.

Den Salat müssen Sie danach sorgfältig trocknen, denn übrig gebliebenes Wasser weicht ihn schnell auf und verwässert später den Geschmack Ihres liebevoll zubereiteten Dressings. Für die besonders einfache und schonende Trocknung ist eine Salatschleuder am besten geeignet.

Zupfen oder schneiden?

Ob Sie den Salat zupfen oder schneiden, überlasse ich ganz Ihnen. Kochprofis zupfen ihn meistens in mundgerechte Stücke, denn die Form der Blätter bleibt so natürlicher und lebendiger. Ein weiterer Grund: Die Risse verlaufen direkt an den Zellrändern im Inneren der Blätter, sodass keine Flüssigkeit austreten kann. Der Salat bleibt also herrlich knackig.

Wenn Sie ihn trotzdem lieber klein schneiden, benutzen Sie auf jeden Fall ein scharfes Messer – durch stumpfe Schneidflächen wird der Salat nämlich matschig. Außerdem sollten Sie geschnittenen Salat auch zügig verbrauchen, denn er bekommt schnell hässliche braune Ränder.

Salat richtig aufbewahren

Ist der Salat richtig trocken, bewahren Sie ihn am besten in einer Schüssel auf, deren Boden Sie vorher mit einem Stück Küchenpapier ausgelegt haben. Es saugt das restliche Wasser auf und verhindert, dass der Salat zu schimmeln beginnt. Zusätzlich können Sie den Salat mit feuchtem Küchenpapier bedecken – so bleibt er noch länger knackig.

Sehr bittere Salate wie Löwenzahn oder Radicchio können Sie vor dem Zubereiten ca. 20 Minuten in lauwarmes Wasser legen, damit sie etwas von ihrem bitteren Geschmack verlieren.

Basis-Know-how für Dressings

So wie Sie Salatmischungen da lassen sollten, wo sie sind – nämlich in der Kühltheke des Supermarkts –, so sollten Sie auch einen großen Bogen um Fertigdressings machen. Selbst gemixte Soßen schlagen die Industrieware nämlich um Längen. Und das qualitativ – denken Sie nur an die ganzen Emulgatoren, die den fertig gekauften zugesetzt sind – und geschmacklich.

Alles, was Sie prinzipiell brauchen, sind ein gutes Öl, ein ebenso guter Essig, Salz, Pfeffer und ein Schraubdeckelglas, in dem Sie diese Zutaten gut miteinander vermischen. Im Handumdrehen haben Sie eine Basis-Vinaigrette, die Sie nach Lust und Laune mit Kräutern und Gewürzen aufpeppen können. Fügen Sie allerdings zuerst die Gewürze dem Essig bei, bevor Sie das Öl dazugießen. Nur so können sich beispielsweise Salz und Zucker auch auflösen und ihre volle Würze entfalten. Apropos Kräuter: Die sollten Sie immer mit einem scharfen Messer schneiden – niemals hacken oder mit einem stumpfen Messer arbeiten, sonst verlieren die Kräuter ihren intensiven Geschmack!

Noch ein Tipp: Bereiten Sie einfach etwas mehr Dressing zu und füllen Sie die übrig bleibende Menge in eine fest verschließbare Flasche! Im Kühlschrank hält es sich so etwa eine Woche – und Sie können jederzeit ganz fix einen leckeren Salat zaubern.

Index

In dieser Reihe
sind bisher erschienen ...

Kalte Küche

Warme Küche

Party

... und für unsere Kleinsten

Desserts

Salate

Gourmini

Impressum

Originalausgabe Becker Joest Volk Verlag
© 2013 – alle Rechte vorbehalten
1. Auflage März 2013
ISBN 978-3-938100-82-0

Rezepte, Foodstyling Tobias Rauschenberger
Text Doreen Köstler
Food-Fotografie Hubertus Schüler
Step-Fotografie Benedikt Koester
Fotoassistenz Tim Wachnowski
Layout, typografische Gestaltung
Dipl.-Des. Anne Krause nach der Konzeption
von Dipl.-Des. Justyna Krzyzanowska
für Makro Chroma Joest & Volk OHG,
Werbeagentur, Hilden
Satz, Bildbearbeitung, Lithografie
Makro Chroma Joest & Volk OHG,
Werbeagentur, Hilden
Lektorat Bettina Snowdon
Projektleitung Johanna Hänichen
Druck Firmengruppe APPL, aprinta druck GmbH,
Wemding, Deutschland

Praktisch: Die Einkaufslisten zu den Rezepten
aus diesem Buch können Sie unter
www.bjvv.de/mengenrechner-salate
für die gewünschte Personenzahl berechnen und
für Ihren Einkauf ausdrucken.